ALJOSCHA LONG
RONALD SCHWEPPE

DER KAUFMANN UND DER RINPOCHE

ALJOSCHA LONG
RONALD SCHWEPPE

DER KAUFMANN UND DER RINPOCHE

Leben, Sterben und Dazwischen

Roman

Diederichs

Die Reise des Kaufmanns und seine verschiedenen Stationen im Bardo lehnen sich inhaltlich an das klassische Tibetanische Totenbuch an.

MIX
Papier aus verantwortungsvollen Quellen
FSC® C014889

Verlagsgruppe Random House FSC® N001967

Umschlag: WEISS WERKSTATT MÜNCHEN
Umschlagmotiv: Verwendung mehrerer Bilder
© shutterstock/ Tanya Syrytsyna | BildNR. 1196725525
© shutterstock/A7880S | BildNR. 275899232
© shutterstock/whiteisthecolor | BildNR. 207117025
© shutterstock/Le Panda | BildNR. 331948097
Fonts: ITC Kabel , Century Schoolbook
Satz: Leingärtner, Nabburg
Druck und Bindung: Pustet, Regensburg
Printed in Germany
ISBN 978-3-424-35100-2
www.diederichs-verlag.de

Dieses Buch ist auch als E-Book erhältlich.

INHALT

DER KAUFMANN STIRBT

Der alte Mann lag im Sterben. Das wusste er wohl, und es bereitete ihm keine Angst. Er hatte alles gesehen, was es zu sehen gab. Manchmal mehr, als er wollte. Beinahe war er neugierig auf die Reise ins Unbekannte, die er nun bald antreten würde. Beinahe freute er sich aufs Sterben.

Die schrecklichen Schmerzen, die sich seit einem halben Jahr wie Höllengeister mit scharfen Zähnen durch seine Eingeweide fraßen, würden ihm den Abschied leicht machen. Der Arzt gab ihm starke Medizin, von der ihm übel wurde. Der tibetische Heiler verschrieb ihm kräftigende Kräuter, die seine Schwäche nicht überwinden konnten. Und auch sein alter Freund, Rinpoche Sonam Tsering, hatte ihm mit seinen einfachen Weisheiten und seinem kindischen Glauben nicht helfen können.

An Buddha glaubte er schon längst nicht mehr. Für die Legenden der Mönche, die er schon seit langer Zeit verachtete, hatte er nur Spott übrig. Sicher – seine Verachtung war mit der Zeit schwächer geworden. Auch sein Groll war alt geworden und lag im Sterben. Natürlich wusste er, dass nicht alle Mönche gleich waren. Manchmal war er dem alten Glauben sogar wieder ganz nahegekommen. Sonam Tsering, sein Freund, der Mönch, der Lama, der Rinpoche, hatte ihn das ein oder andere Mal nahezu überzeugt. Doch um sich nun, am Ende seines Lebens, selbst untreu zu werden, war er zu stolz. Zu stolz, um in die alte Welt zu flüchten, mit ihren schützenden Buddhas und Devas, in die heile Welt, in der jeder Mensch, jedes Wesen seinen Platz hatte. Die kostbare Welt, in der alles Sinn ergab und man dankbar sein sollte, als Mensch wiedergeboren zu sein. Dorjee glaubte nicht an eine Seele. Und er glaubte auch nicht, dass seine Seele durch den Bardo, den Zwischenzustand, gehen und wiedergeboren würde.

Und doch hatte er den Lama rufen lassen. Die Geschichten, die er aus seiner Kindheit kannte, die heiligen Legenden der Mönche, die auch noch lange, nachdem die Chinesen nach Tibet gekommen waren, jedem Tibeter vertraut waren, lebten immer noch in ihm – versteckt, tief in einem verborgenen, staubigen Winkel seines Herzens. Dort waren auch, in verschwommenen Lettern, die vergilbten Seiten dieses Buches, das ihm der Lama, der trotz allem sein Freund war, wieder und wieder vorgelesen hatte, das *Bardo Thödol*, das Totenbuch der Tibeter.

Sein Freund war ein *Rinpoche*, ein »Kostbarer«, die Wiedergeburt eines früheren Meisters. Dorjee glaubte nicht an diese Dinge – nicht an Wiedergeburt und auch nicht an spirituelle Meister oder die Lehre des Totenbuchs. Und dennoch blieb ein Zweifel – was, wenn doch ein wenig Wahrheit darin war? Und warum sollte er sich auch jetzt noch gegen die alten Traditionen wehren? Er war kein junger Rebell mehr, sondern ein alter, sterbender Mann. Warum sollte er nicht albern sein und sich eine tröstende Geschichte vorlesen lassen? Was konnte es schaden?

Er würde sterben, schon sehr bald. Ein paar Tage höchstens, vielleicht ein paar Stunden noch. Da waren sich der chinesische, in der westlichen Medizin ausgebildete Doktor und der tibetische Arzt einig.

Dorjee Wangchuk hörte die Verwandten im Nebenraum. Leises Murmeln, um den Todkranken nicht zu stören, das allzu lange Warten auf den Tod. Sein ältester Brudersohn, der Neffe, der den größten Teil seiner Unternehmen erben sollte, war nicht hier. Wichtige Geschäfte hielten ihn in Beijing fest. Er war ihm nicht böse darum. Seine sechs Nichten und zehn Neffen, deren Söhne und Töchter, die Großkinder, Ehegatten und Ehefrauen der Verwandten, die Dorjee noch nie gesehen hatte und die auch ihn noch nie gesehen hatten, waren gekommen, um von ihrem reichen Verwandten Abschied zu nehmen. Keiner von ihnen aus allzu großer Liebe zu dem alten Mann. Dorjee war es gleichgültig. Er wollte nur in Stille und ohne Qualen ruhen.

Die Medizin, die ihm der chinesische Doktor gegeben hatte, vertrieb nun allmählich die Schmerzen und machte ihn müde. Er wollte jetzt aber nicht schlafen. Vielleicht würde er nicht mehr erwachen. Er wollte nicht gehen, ohne Sonam Tsering noch einmal gesehen zu haben. Er sehnte sich nach seinem Trost.

Ein langes Leben. Wie lange Zeit. Der Hirtenjunge, der vor über achtzig Wintern geboren wurde, der junge Revolutionär, der Liebende, der Vater, der Geschäftemacher, der Politiker, der Greis … waren sie wirklich alle eine Person? Bin all das ich? Er lächelte. Solche Gedanken hatte ihm sein Freund eingegeben. Für den Lama war die Welt eine große Illusion, mehr nicht. Und, wenn er recht hatte, würde die Illusion weitergehen. Eine Wiedergeburt nach der anderen, immer im Rad der Illusion gefangen. Dorjee hatte eine blitzartige

Einsicht: Wie gut wäre es doch, sich aus diesem Kreislauf zu befreien. Sonam Tsering würde ihm noch einmal das Buch von der augenblicklichen Befreiung im Zwischenzustand vorlesen müssen, bevor er starb. Er wollte nicht wiedergeboren werden.

Seine Augen schlossen sich, und er träumte, dass er ein Kind sei.

1935 – Die Geburt Dorjee Wangchuks

Im ersten Frühlingsmonat, im dreiundfünfzigsten Jahr des 13. Dalai Lama, Thubten Gyatsho, wurde Dorjee geboren, der zweite Sohn des freien Hirten Jamyang Wangchuk. Seine Frau Lhagkpa hatte gehofft, dass es ein Mädchen sein würde, doch Jamyang freute sich über den Jungen. Erst mit zwei männlichen Nachkommen war es gewiss, dass sein Stamm blühte. Auch seine Söhne würden frei und keine Leibeigenen sein.

Frei zu sein bedeutete Jamyang Wangchuk viel. Auch wenn sein Leben kaum besser war als das der Leibeigenen der Fürsten oder Klöster. Er war arm. Doch war er sein eigener Herr. Er hatte seine eigene Jurte, seine eigene *Yak*-Herde, eine gute Frau und nun sogar zwei Söhne. Oh, wie glücklich war er doch. Liebevoll sah er Lhagkpa an, die noch von den Schmerzen der Geburt gezeichnet war, aber mit ihren dunklen Augen zu ihm aufblickte und ihn anlächelte. Sie hielt ihm seinen Sohn entgegen. »Dorjee«, sagte sie. Er hatte nichts dagegen einzuwenden. Jamtsho, sein erster Sohn, trug den Namen des Vaters seines Vaters. Und so war es nur gut, dass der zweite Sohn den Namen des Vaters der Mutter bekam. Es war wichtig, die Vorfahren in seinen Kindern zu ehren. Vielleicht war es sogar der wiedergeborene Ahn selbst, den Jamyang in seinen Armen hielt. Die Welt war gut.

Er wandte sich mit einem kurzen Dankgebet an Amithaba-Buddha und an Shugden, den Beschützer. Dann gab er das Kind wieder in die Arme der Mutter zurück, sah nach dem Feuer, trank ein wenig salzigen Buttertee und steckte etwas *Tsampa* in seinen Beutel. Dann musste er wieder auf die Weide. Die *Bri*, die Yak-Kühe, konnten nun, da es Sommer wurde, endlich gemolken werden. Und sein Erstgeborener, Jamtsho, war noch zu jung, um ganz allein auf die Herde aufpassen zu können.

Zärtlich strich er noch einmal Lhagkpa über die Wange, bevor er das Zelt verließ.

»Yahaha! Jamyang, Vater von Dorjee, yahaha!« Er schüttelte sein langes tiefschwarzes Haar und warf die Hände nach oben und schrie seine Freude in die Berge, die den Himmel trugen. Auch die Berggötter sollten an seiner Freude teilhaben. Dann griff er seinen Hirtenstab und machte sich auf den Weg zur Herde, wo Narga, die Schwester Lhagkpas, und sein Sohn Jamtsho auf ihn warteten. Mit einem zufriedenen Lächeln auf dem Gesicht ging er durch das noch immer trockene Gras.

Als Dorjee drei Jahre alt war, kannte er sämtliche Tiere der kleinen Herde seines Vaters. Sein großes Vorbild war sein Bruder Jamtsho, der bereits dann und wann die Herde ganz allein hütete. Jamtsho war mutig – nicht einmal vor den Berggeistern, die sogar der Vater fürchtete, hatte er Angst.

DER LAMA MACHT SICH AUF DEN WEG

In Meditation versunken saß der Lama vor der kleinen Buddhastatue. Schon einige Stunden saß er so, nahezu bewegungslos. Sein Geist war leicht und klar, keine Sorge, kein Begehren, keine unruhigen Gedanken drückten seine Seele, die wie ein Spiegel des Universums nichts in sich aufnahm, nur widerspiegelte, ohne davon berührt zu werden. Er saß in seiner kleinen Kammer im großen Kloster in Lhasa. In diesem Raum verbrachte er schon viele Jahre einen großen Teil seiner Zeit, meditierend, Sutras rezitierend, die Gebete verrichtend. Jeder einzelne Gegenstand im Raum war heilig. Es war ohnehin wenig: neben der Buddhastatue nur ein paar Schriftrollen, ein Thangka, eine Kerze.

Ein junger Mönch trat lautlos ein und verneigte sich. Obwohl der Lama mit dem Rücken zum Eingang gewandt war und der junge Mönch ehrfurchtsvoll schweigend verharrte, war er sich der Gegenwart des anderen sofort bewusst und wusste auch, welcher seiner Schüler es war. Was anderen als übernatürliche Fähigkeit eines Heiligen erscheinen musste, war für ihn nur das vollkommen wache Bewusstsein, das einen Lama auszeichnete.

»Was gibt es, Chagdud?« Seine Stimme klang voll und sanft und ließ sein Alter nicht erahnen. Der junge Mönch Chagdud trat vor den Lama, kniete sich nieder und berührte mit der Stirn den Boden.

»Ehrwürdiger Rinpoche, der Kaufmann Dorjee Wangchuk …«

Der Lama nickte. »Es ist so weit. Er wird nun bald übertreten und muss wohl wiedergeboren werden. Ich werde mich gleich auf den Weg machen. Es ist alles vorbereitet. Bitte bring mir meine Reisetasche.«

Chagdud verneigte sich erneut vor seinem Lehrer. Er zögerte kurz.

»Chagdud, du möchtest noch etwas sagen.« Der Lama fragte nicht, er stellte es nur fest.

»Ehrwürdiger, darf ich Euch begleiten?«

Der Lama lächelte still. »Diesmal nicht, mein Lieber. Diese kleine Reise werde ich allein unternehmen.«

Der junge Mönch verneigte sich und wandte sich zum Gehen. Der Lama Sonam Tsering erhob sich. Trotz seines hohen Alters und des langen Sitzens bedurfte er dazu keiner Hilfe. Allein wollte er sich nun auf den Weg machen, um einem Kaufmann, einem Sünder, einem, der über die Lehren Buddhas oft gespottet hatte, einem, der sich an wertvollen religiösen Kunstschätzen bereichert hatte, einem Ehebrecher und einem, der vielleicht sogar einen Mord auf dem Gewissen hatte, beizustehen, wenn er von diesem Leben in den Bardo, den Zwischenzustand, eintreten und wohl nach neunundvierzig Tagen wiedergeboren würde. Seine Mönchsbrüder und seine Schüler waren darüber erstaunt, aber sie bewunderten das große Mitgefühl ihres Lama. Das allein war es jedoch nicht. Nur wenige wussten, dass der sterbende reiche Kaufmann der älteste Freund des Rinpoche war.

Es war ein kühler Herbsttag. Der Himmel war klar, und die heiligen Berge ragten in ihrer ewigen, gewaltigen Majestät in den Himmel. Trotz der Kälte trug der Lama nur sein einfaches Mönchsgewand. Er beherrschte die Fähigkeit, in seinem Körper eine solche Hitze zu erzeugen, dass sogar eiswassergetränkte Kleidung in kürzester Zeit trocknete. Unwillkürlich lächelte er, als er sich daran erinnerte, wie er vor vielen Jahren diese Fähigkeit erworben hatte. Wie stolz waren er und seine jungen Mitbrüder darauf gewesen – immer wieder, viel öfter als notwendig, waren sie in den großen, eiskalten Fluss gesprungen und hatten dann kleine Wettkämpfe darum abgehalten, wessen Gewand am schnellsten wieder trocken war. Der Abt hatte sie, als er davon erfuhr, streng angesehen und ihnen Bußübungen wegen ihres Stolzes auferlegt. Wie viele Jahre war das her! Damals war Tibet noch ein unabhängiges Land und Chinesen nur bestaunte Fremde aus einer fernen Gegend.

Damals, als er mitunter aus dem Kloster schlich und seinen Freund Dorjee traf und immer wieder versuchte, ihn zu überreden, ebenfalls ins Kloster einzutreten. Natürlich erfolglos. Dorjee war damals voller Hass auf alle Adligen und alle Mönche. Verständlich nach dem, was seinem Vater geschehen war. Auch wenn sich Sonam Tsering gern an das alte Tibet seiner Jugend erinnerte, so war ihm stets bewusst, dass es keine vollkommene Welt gewesen war. Und doch: Was wäre heute, hätte der 14. Dalai Lama die begonnenen Reformen seines Vorgängers fortführen können? Stattdessen lebte er im Exil in Indien und konnte nicht nach Tibet zurückkehren.

Der Lama seufzte kurz auf, lächelte dann und befreite seinen Geist von diesen nutzlosen Gedanken. Wenn schon die ganze Welt eine Illusion war, wie viel mehr die Welt des wenn, dann …, wäre …, könnte …, sollte … Die gewohnte Heiterkeit kehrte wieder in seinen Geist ein. Eine heitere Stille, die selbst die Melancholie durchdrang, die seine Reise in sich trug. Er würde nun seinen alten, seinen ältesten Freund beim Sterben begleiten und alles daransetzen, ihm beizustehen, wenn schon nicht die große Befreiung, so doch zumindest eine gute Wiedergeburt als Mensch zu erreichen.

Der Weg zum Haus des Freundes führte ihn hinab vom Kloster durch die Stadt. Autos hupten, Leuchtreklamen mit zumeist chinesischen Schriftzeichen blinkten von den Geschäften. Immer mehr neue, hässliche Gebäude erhoben sich über die alten Bauten. Immer noch war ihm dieser Anblick ungewohnt und unangenehm. Vor seinem inneren Auge sah er die Stadt, wie sie früher einmal gewesen war – ein Heiligtum, der Mittelpunkt der tibetischen Welt, der Sitz des beinahe gottgleichen *Kundün*, der »verehrungswürdigen Präsenz« des Dalai Lama.

Bilder der Vergangenheit strömten durch seinen Geist. Der junge Mönch Sonam Tsering, der mit seinem verehrten Lama zum ersten Mal die Hauptstadt mit großen, staunenden Augen sah, die Pracht des Palastes, das friedliche und doch so lebendig strahlende Gesicht des jungen *Kundün*, der sogar jünger war als der junge Reisende selbst. Die Scharen von Pilgern, die ihren *Kora*, den Rundweg um das Heiligtum, gingen oder vielfach sogar auf Knien rutschend, sich immer wieder zu Boden werfend. Und dann die Ereignisse, die alles veränderten – die Chinesen, die als Befreier gekommen waren und dann als Zerstörer wüteten, um schließlich als Händler, Handwerker, Lehrer und Kaufleute zu bleiben. Die Jahre, in denen das Leid fast unerträglich wurde und er nicht mehr Mönch sein durfte. Alles veränderte sich, alles war vergänglich – das hatte der Buddha gelehrt. Und wie alle Veränderung und alles Vergehen war es mit Leiden verbunden und doch ein Teil des Lebens.

In diesem Augenblick sah Sonam Tsering eine Gruppe Pilger, die wie früher den *Kora* gingen und ihn, den Lama, ehrfürchtig grüßten. Er lächelte, und die gewohnte Heiterkeit erfüllte wieder sein Gemüt. Das, was zerstört worden war, war gestorben und wiedergeboren worden. Vielleicht würde auch das alte Tibet einst neu geboren werden; die Äußerlichkeiten andere, doch die Seele die alte. Die alten Traditionen lebten wieder auf, die Lehre Buddhas hatte sich in der ganzen Welt verbreitet, und der Dalai Lama belehrte die Menschen auf allen Kontinenten. Sonam Tsering musste an die alte Prophezeiung denken:

Wenn die Eisenvögel fliegen
und Pferde auf Rädern laufen
und der Befreier
zum Beherrscher wird,
wird das Dharma Tibet verlassen
und das Land der Rotgesichtigen erreichen.

Mittlerweile hatte der Lama den inneren Kreis Lhasas durchquert und gelangte nun in den Stadtteil, in dem einst die Adligen und nun die Reichen lebten. Schon konnte er das große Haus des Kaufmanns Dorjee Wangchuk erkennen. Im Gegensatz zur vorausgegangenen Woche, als er den Freund zum letzten Mal gesehen hatte und es feststand, dass dieser nicht mehr lange in diesem Leben verweilen sollte, wehten nun am Eingang, im Garten und an den Fenstern die traditionellen Gebetsfahnen. Offenbar waren die Verwandten gekommen. Dorjee selbst hätte sich wohl dagegen gewehrt, wenn er dazu noch in der Lage gewesen wäre. Der Lama wusste um den von alter Wut gespeisten Kampf gegen die alten Traditionen und die

Religion im Geiste seines Freundes. Doch ebenso wusste er, dass es nie zu spät war, Zuflucht zur Lehre des Buddha zu nehmen und Befreiung zu erlangen. Das war die Essenz des Bardo Thödol, des »Totenbuches« – dass selbst der größte Sünder jederzeit die Möglichkeit habe, umzukehren und sich aus den Verstrickungen des Karma und aus dem Kreislauf von Geburt, Leiden, Tod und Wiedergeburt zu befreien.

Als der Lama sich dem Hause näherte, öffnete sich die schwere Holztür, und eine alte Frau verneigte sich ehrfürchtig und hieß ihn willkommen. Sie stellte sich als Tashima, die Schwester Dorjee Wangchuks, vor und bot ihm Tee und Speisen an. Der Lama spürte, dass es wenig Trost in diesem Haus bedurfte. Der Sterbende war nicht geliebt worden. Seine Verwandten kannte er kaum, und selbst mit seiner Schwester hatte er erst vor wenigen Jahren wieder Kontakt aufgenommen.

1940 – Der Beginn einer Freundschaft

Endlich, nach den langen kalten Monaten, trug der Himmel wieder Wärme und Blütenduft auf die Wiesen. Dorjee konnte sich kaum an die vorigen Sommer erinnern, die wenigen, die er erlebt hatte. Sie waren nicht viel mehr als ein wohliges spannendes Gefühl, kaum mehr als eine der Geschichten, die Vater oder dessen fast zahnlose Mutter, Dorjees *Mola*, am Winterfeuer erzählte. Kaum mehr und doch ein weniges mehr. Dorjee erinnerte sich an das Gefühl seiner nackten Füße auf dem weichen Gras, an das überwältigende Bild der großen blauen Weite über den schneebedeckten Gipfeln.

Dorjee war auf den Beinen, noch bevor die Sonne den Bergriesen goldene Strahlenkronen aufsetzte, bevor der dunkelblaue Himmel hellblau wurde. Und dann verflogen alle

Zweifel, ob wirklich der Sommer wiedergekommen sei, als er mit Bruder und Vater und den *Yaks* auf die Weidegründe ging. Langsam, mit lauten Rufen und dünnen Birkenruten trieben sie die Yaks und die *Bri*, die Yak-Kühe, hinauf, dorthin, wo das gute, frische Gras wuchs. Es roch nach Weite und nach Abenteuer und nach Freiheit.

Dorjee stieß einen lauten Frühlingsschrei aus. Vater und Bruder Jamtsho lachten und stimmten mit ein, sodass die Yaks erschraken und schneller vorantrabten.

Es gab viel zu tun. Es war harte Arbeit, die Herde stets im Auge zu haben, dafür zu sorgen, dass sich keines der wertvollen Tiere verlief, die vollen Euter der *Bri* zu melken …

Dorjee war noch zu jung, um alleine zu arbeiten. Und so hatte sein Vater nichts dagegen, dass er auf der Weide mit den Kälbchen herumtollte und Streifzüge durch die Gegend unternahm.

Dorjee war dem Verlauf eines Flüsschens gefolgt, war von Stein zu Stein gesprungen und hatte sich vorgestellt, wie er eine lange Reise antrat – entlang des großen Flusses, über die Berge hinweg, in fremde Länder … Plötzlich sah er, nur einen Steinwurf entfernt, einen Jungen, so alt wie er selbst, der am Ufer saß und konzentriert auf das Wasser blickte.

Was gab es dort wohl zu sehen? Dorjee wurde neugierig. Langsam näherte er sich dem fremden Jungen, der ebenso wie Dorjee wie ein einfacher Hirtenjunge gekleidet war. Offenbar war er also keiner dieser Adligen, vor denen ihn sein Vater so oft gewarnt hatte.

»Halte dich von den Reichen fern«, hatte Vater gesagt. »Ihr Karma hat sie an eine hohe Stelle gesetzt und uns an eine niedrigere. Das musst du respektieren. Wenn sich das Lebensrad dreht, wirst du vielleicht emporgehoben, vielleicht wird der Hochstehende hinabsinken.«

Er zeigte es mit seinen Händen und drehte das vorgestellte Rad, indem sich eine Hand hob, die andere senkte. »Es ist wichtig, dass du deinen Platz gut ausfüllst und nicht Neid gegenüber den Hochstehenden empfindest, damit das Gleichgewicht und der Lauf des Rades nicht gestört werden. Deshalb ist es besser, wenn du ihnen fernbleibst und nicht wie mit unseresgleichen verkehrst. Das bringt nur Unheil, Neid und Gier. Und den Zorn der Adligen.«

Das war wohl die längste Rede, die sein Vater je gehalten hatte. Sie hatte Dorjee neugierig gemacht. Allzu gern hätte er ein höheres Wesen gesehen – wenn auch nur aus sicherem Abstand.

Der Junge am Fluss war sicher kein Adliger. Und wahrscheinlich auch kein Mönch. Einen Mönch hätte er gern einmal gesehen, doch auch vor ihnen hatte ihn der Vater gewarnt. Es waren höhere Wesen, aber auf andere Weise als die Adligen … Vater hatte gesagt, er selbst, Dorjee, könne ein Mönch werden, wenn er einen dritten Sohn bekäme.

Dorjee war nun nur wenige Schritte von dem Jungen entfernt, der weder Mönch noch Adliger war. Bis jetzt hatte der Junge ihn nicht bemerkt. So klatschte Dorjee in die Hände und rief »Heiya!«

Der fremde Junge fuhr erschrocken auf, fing sich aber gleich wieder. Er grinste Dorjee an und legte die Hände zum Friedensgruß zusammen. Dorjee war dieser Junge sofort sympathisch. Er grinste zurück und erwiderte den Friedensgruß. »Hast du die Fische beobachtet?«, fragte er.

Der Junge lachte. »Ja! Und das Wasser und die Käfer und die Steine. Endlich ist wieder Sommer!«

»Ja, endlich!«, stimmte Dorjee zu. Er legte die Hand auf seine Brust. »Ich bin Dorjee, der zweite Sohn von Jamyang Wangchuk.«

»Ich bin Sonam Tsering, der dritte Sohn von Jamtsho Tsering. Ich bin Hüter der Herde meines Vaters.«

Dorjee klatschte in die Hände. »Das bin ich auch! Dein Vater trägt denselben Namen wie mein Bruder!«

Die beiden Jungen verstanden sich von Anfang an. Beide waren sie Hirtensöhne und im selben Frühling geboren. So war es kein Wunder, dass Dorjee und Sonam schnell Freunde wurden, sich ewige Freundschaft schworen, Blutsbrüder wurden. Doch wie viele Brüder, auch solche mit denselben Eltern, waren sie in mancherlei Hinsicht sehr verschieden.

Die beiden Freunde trafen sich meistens am Fluss. Dort, wo sie sich zum ersten Mal begegnet waren. Sie spielten Hirtenspiele, Jägerspiele, spielten Dämonen und Buddhas, Mönche und Händler, und während sie spielten, mit all dem Ernst, mit dem es nur Kinder können, waren sie all dies. Doch jeder nach seiner Art.

Beide waren Hirten und Jäger. Doch Dorjee war Dämonenfürst, Sonam Bodhidharma, Dorjee reicher Händler, Sonam Mönch. Jeder wählte, was ihm näher im Herzen war.

»Was mag wohl hinter den Bergen sein?«, fragte Dorjee eines Tages.

Sonam sah ihn erstaunt an. Tatsächlich hatte er darüber noch niemals nachgedacht und stets angenommen, dass es einfach nur die Welt gab und die Berge darum herum.

»Irgendetwas muss doch hinter den Bergen sein!«, beharrte Dorjee.

»Ich weiß nicht.«

»Ich werde es eines Tages herausfinden!«

Sonam zuckte mit den Schultern. »Was soll es da schon geben? Wenn es keine Berge sind, sind es eben Weiden. Sind es keine Weiden, sind es vielleicht Seen. Oder Dörfer.« Er schloss die Augen. »Ein Mönch hat gesagt: Der nicht aus dem Haus geht, kann am weitesten reisen.«

Dorjee sah seinen Freund mit großen Augen und spöttischem Grinsen an.

Sonam öffnete die Augen und lächelte. »Der Mönch meinte natürlich die Reise nach innen, in unser Herz. Er sagte, das wäre die Versenkung, die Buddha zur Erleuchtung geführt hat.«

Dorjee war einen Moment still. Die Mönche waren mit Ehrfurcht zu behandeln. Sie wussten alles über die Götter und konnten einem helfen, als göttliches Wesen oder Adliger wiedergeboren zu werden. Doch Dorjee hatte noch nie einen Mönch aus der Nähe gesehen, geschweige denn mit einem gesprochen. Und das, obwohl ein Bruder seines Vaters Mönch in einem viele Tagesreisen entfernten Kloster war. Er wusste also sehr wenig. Und das ärgerte ihn; insbesondere, dass er weniger als sein Freund Sonam wusste, der von Versenkung und Erleuchtung und Buddha sprach, als wäre er selbst ein Mönch.

»Weißt du, dass ein neuer Dalai Lama in Lhasa regiert? Er ist genauso alt wie wir!«, sagte Sonam.

Dorjee sah seinen Freund durchdringend an. »Du willst wohl auch so ein Mönch werden«, entgegnete er spöttisch mit schiefem Mund.

Sonam sah ihn an und lächelte. »Ja«, antwortete er schließlich. »Das will ich.«

DER BEGINN DER LESUNG

Des Kaufmanns Verwandte hatten den ehrwürdigen Lama mit Respekt empfangen, ihm Tee und Speise gereicht. Im Gegensatz zu Dorjee waren sie gläubige Buddhisten – doch wie so viele in dieser modernen Zeit wussten gerade die Jüngeren nur noch wenig davon, was das Lesen des Bardo Thödol bedeutete, und sie kannten die alten Sitten nicht mehr. Sonam Tsering seufzte innerlich. Die Menschen in Tibet waren heute frei und keine Leibeigenen, beinahe jeder konnte lesen und schreiben, sie lebten länger, doch all dieser Fortschritt war durch das Vergessen der alten Traditionen erkauft worden. Für die Chinesen waren diese Dinge schädlicher Aberglaube, und sie sahen es nicht gern, dass die alten tibetischen Bräuche gelehrt wurden. Und doch … die Zeiten änderten sich.

Der Lama Sonam Tsering beugte sich über Dorjee und lauschte dem versiegenden Atem. Sein alter Freund befand sich nun an der Schwelle des Todes. Es stand in seinem Gesicht geschrieben. Die graue Farbe der Haut, die tief eingefallenen Augen, der immer schwächer werdende Atem. Es war nun an der Zeit, ihn zu ermahnen.

Zuvor jedoch half der Lama seinem alten Freund, die Haltung des »schlafenden Löwen« einzunehmen – die Haltung, in der auch Buddha gestorben war. Er wendete ihn auf die rechte Seite, legte Dorjees linke Hand auf den linken Oberschenkel und schob die rechte Hand unter sein Kinn, sodass das rechte Nasenloch verschlossen wurde. Dadurch würde Dorjee, wenn ihm das Urlicht des Todes erschien, dies leichter erkennen, und sein Bewusstsein würde den Körper durch die Scheitelöffnung verlassen. Dorjee stöhnte ein wenig, als der Lama ihn berührte. Sonam bewegte ihn sanft und vorsichtig, um ihm möglichst wenig Schmerzen zu bereiten. Dann näherte er seine Lippen dem linken Ohr des Sterbenden und sprach leise, aber klar und deutlich:

»Dorjee Wangchuk, nun ist die Zeit für dich gekommen, da du deinen Weg suchen musst. Dein Atem steht nun bald still und dir wird das Licht des ersten Bardo erscheinen. Erinnere dich an den Sinn der Belehrung, den ich dir früher erklärte: Das Licht ist das Reine Sein, leer und klar wie der wolkenlose Himmel, der nackte Geist, leer und klar. Wenn dir das erste Licht erscheint, erinnere dich und nimm Zuflucht zu diesem Licht! Ich werde dich in dieser Zeit zur Einsicht führen.«

Der Lama wiederholte die Ermahnung wieder und wieder und lauschte zwischen jeder Wiederholung dem Atem, der immer schwächer wurde und allmählich versiegte.

Und dann hörte der Atem auf.

Sonam Tsering nickte und sprach:

»Dorjee Wangchuk, nun bist du bei dem angelangt, das man den Tod nennt. Nun versuche mit aller Macht, die Haltung der Erleuchtung zu finden. Halte dich an diese Worte: ›Nun ist für mich die Stunde des Todes gekommen. Durch das Erfahren des Todes will ich nun nur Liebe, Mitgefühl und Erleuchtung in mir erwecken, sodass ich zum Wohl aller Wesen die Buddhaschaft erlangen möge.‹ Halte dich an diese Worte und du wirst das Licht des Reinen Seins erkennen, das nichts ist als Leere und vollkommene Wirklichkeit. Das ist die wahre Buddhanatur …«

Der Lama holte ein weißes Tuch aus seiner Tasche und bedeckte damit das Gesicht des Toten, wie es Sitte war, und hängte den Tontopf mit glimmenden Zypressenzweigen an der Haustür auf.

Der Bardo des reinen Urlichtes

Dorjee hört seinen Freund, den Lama, als ob seine Stimme direkt in seinem Kopf spräche. Jedes Wort tritt mit aller Kraft in sein Bewusstsein. Gleichzeitig hört er die Verwandten im Nebenraum reden. Aus seinem Inneren steigt Angst auf, wie Nebel aus Erdspalten. Eben noch hatte er keine Angst vor dem Tod gehabt, auch jetzt hat er nicht wirklich Angst – Angst, die sich in einem beunruhigenden Gefühl im Bauch zeigt. Er kennt Angst. Doch diese Angst ist anders. Es ist nicht die Angst, die er früher in seinem Leben spürte, wenn ihm der Tod drohte. Und das war nicht selten gewesen. Nun hat ihn sein Freund für tot erklärt. Aber ist er wirklich tot? Oder ist nicht vielmehr alles wie zuvor – ja klarer und wirklicher noch? Dorjee spürt seinen Körper und merkt, dass seine Schmerzen aufgehört haben – auch das traumartige, schwebende Gefühl, das ihm die Medizin verschafft hat, ist nicht mehr da. Er fühlt sich lebendiger als noch vor einer Stunde.

Er hört Sonam wieder sprechen.

»Dorjee Wangchuk, nun geschieht dir das, was man den Tod nennt. Es ist Zeit für dich, diese Welt zu verlassen. Du bist nicht der Einzige, dem dies geschieht – es geschieht allen. Sehne dich nicht nach diesem Leben, in dem du nicht bleiben kannst. Richte deinen Geist auf Buddha, den Herrn des großen Mitleids!«

»Nein!«, will Dorjee rufen. Doch es kommt kein Ton aus seinem Mund.

Er fühlt sich gesund, gesünder als seit vielen Jahren. Voller Leben. Und er will noch nicht sterben. Vielleicht hat er die schwere Krankheit trotz aller Voraussagen überstanden. Möglicherweise wird er noch viele Jahre leben, wer weiß. Einiges an seinem Leben muss er ändern; das hat ihn sein Leiden gelehrt. Das Leben ist trotz allem wertvoll, denkt er nun, und er will noch mehr davon kosten.

Doch so sehr er sich auch gegen den Tod wehrt, er kann sich nicht bewegen, kann nicht aufspringen, nicht sprechen und allen zu verstehen geben, dass sie einen großen Fehler machen und dass er noch lebt. Nichts davon kann er. Nur hören. Und sehen.

Der Nebel der Angst quillt nun aus allen Ritzen des Seins, und ein raues Tuch aus namenloser Verzweiflung legt sich über seine Seele. Wenn ihn alle für tot halten und er sich nicht bemerkbar machen kann – dann werden sie ihn schließlich lebendig verbrennen, denkt er. Mit aller Macht versucht er, die Kontrolle über seinen Körper wiederzugewinnen.

Langsam, ganz langsam klingt seine Unruhe ab. Nicht weil er erschöpft ist. Überhaupt nicht. Ganz im Gegenteil. Nach wie vor ist er hellwach. Er versucht, sich zu sammeln. Erstaunt stellt er fest, dass sein Geist grenzenlos zu sein scheint. Mit einem Mal erinnert er sich an alles. An alles, was er jemals gedacht, gefühlt und erlebt hat. Auch an das, was ihn der Lama gelehrt hat und ihm nun wieder vor Augen führt.

»… Sehne dich nicht nach diesem Leben, in dem du nicht bleiben kannst. Richte deinen Geist auf Buddha, den Herrn des großen Mitleids!«

Lama Sonam Tsering, sein Freund Sonam, der Rinpoche, der Wiedergeborene, hat ihn gelehrt, was ihn, Dorjee, nun angeblich erwarten soll. Auch wenn er das alles früher belächelt und kaum je zugehört hat, kann er sich jetzt ganz deutlich an die Worte erinnern. Sonam hatte von dem klaren Licht gesprochen, in das man nach dem Tode eintreten solle und dadurch Befreiung erlangen würde.

Doch Dorjee ist kein Lama, kein Mönch, nicht einmal ein gläubiger Buddhist – darf er da überhaupt darauf hoffen, dem Licht zu begegnen? Bis vor ein paar Augenblicken war er noch vollkommen davon überzeugt, dass mit dem Tod alles zu Ende sei. Aber jetzt scheint er tatsächlich tot zu sein – der Sturm der Szenen seines Lebens, die erstaunliche geistige Klarheit, die er noch nie zuvor erlebt hat, die außergewöhnliche Leichtigkeit: All das sagt ihm, dass er in eine andere, eine neue Sphäre eingetreten ist.

Allmählich dämmert Dorjee, dass er den Tod wohl akzeptieren muss, und dabei überkommt ihn ein Grauen. Denn mit diesem Gedanken kriecht die Angst vor der Auslöschung aus der Tiefe seines Geistes. Nein, er will nicht gehen. Nicht völlig ausgelöscht werden. So einleuchtend es klang, wenn der Lama es predigte – der Kreislauf der Leben ist voller Leid, ja, aber es ist doch Leben! Sein Leben. Sein einmaliges Leben, das ihn, Dorjee, ausmacht.

Im Zentrum seines Blickfeldes erscheint ein strahlend heller Punkt. *Konzentriere dich auf Buddha,* sagt er sich. Doch er sagt es halbherzig. Er möchte den Worten, die ihn sein Freund, der sicherlich weiser ist als er, gelehrt hatte, folgen, doch er kann es nicht. Der strahlende Punkt wird größer, alles ist in ein gleißendes Licht getaucht. *Konzentriere dich!* Er sagt es zu sich selbst, schreit es innerlich fast. Doch das strahlende Licht durchdringt alles, die Welt, seinen Geist und spült jeden Gedanken fort.

Das Licht ist wunderschön und gleichzeitig schrecklich. Dorjee fühlt, wie seine Persönlichkeit von diesem Licht aufgelöst und davongetragen wird. Mit einem letzten Rest von Bewusstsein klammert er sich an das, was er gewesen ist. Er weiß, dass er, wenn er jetzt losließe, wenn er Liebe, Wut, Angst und Gier losließe, die Befreiung aus dem Kreislauf der Wiedergeburten erreichen kann, er weiß, dass dies das große Ziel ist, er weiß, er muss nur Zuflucht zu diesem Licht und zu Buddha nehmen. Doch das sind alles nur Gedanken, die nicht gegen seine Gefühle, gegen seine Angst, bestehen können. Er kann es einfach nicht. Er kann sich nicht aufgeben. Er kann nicht loslassen. Und so klammert er sich mit aller Macht an das, was er »Ich« nennt.

Das Licht wird noch stärker. Und er verliert das Bewusstsein.

Als Dorjee erwacht, ist das blendende Licht verschwunden, und er sieht seinen Freund, den Lama, an seiner Seite sitzen.

Die zweite Belehrung

Der Lama hatte die erste Belehrung sieben Mal gelesen. Und er würde in den nächsten drei Tagen, in denen Dorjee bewusstlos im Bardo des Sterbens verweilte, Gebete und Segnungen sprechen und Amithaba-Buddha bitten, seinem Freund beizustehen. Er hoffte inständig, dass Dorjee die erste Belehrung begriffen und Zuflucht zum strahlenden Licht genommen hatte; und doch fühlte er wohl, dass das eine eitle Hoffnung war. Zu sehr war Dorjee Weltmensch, zu sehr haftete er an der

Illusion des Ich. Sonam gedachte der langen Gespräche und erinnerte sich mit Sorge und Liebe an das spöttische Lächeln seines Freundes. Sonam Tsering fühlte, dass Dorjee nun bald zum *Chönyid Bardo* erwachen würde, zu dem zweiten Zwischenzustand, in dem er den gütigen und den rasenden Göttern begegnen würde. Er musste ihm helfen, diese Erscheinungen als Illusion zu begreifen.

Er erinnerte sich, dass die Verwandten wohl nicht mit den Lehren vertraut waren. Der Rinpoche erhob sich und ging in den Nebenraum, in dem Dorjees Angehörige zusammensaßen.

»Dorjee, euer Bruder und Verwandter, ist nun gestorben. Doch seine Seele wird noch eine Weile in seinem Leib verweilen. Ich bitte euch: Berührt den Verstorbenen nicht! Es ist wichtig, dass er die nächsten drei Tage nicht bewegt wird; erst dann wird seine Seele mit Sicherheit den Leib verlassen haben.« Er verneigte sich kurz und nahm den leicht verwirrten Ausdruck auf den Gesichtern wahr. Auch wenn die alten Traditionen Dorjees Verwandten offensichtlich fremd geworden waren, würden sie jetzt wieder ein wenig davon kennenlernen. Der Lama lächelte traurig. Dann ging er hinüber ins Sterbezimmer.

Er seufzte, atmete tief durch und begann mit der zweiten Belehrung.

»Dorjee Wangchuk, du musst diese Welt verlassen. Sehne dich nicht nach diesem Leben und verlange nicht danach! Dir werden nun die Erscheinungen des Zwischenzustands des Reinen Seins furchtbar und schrecklich begegnen. Präge dir die Worte und ihren Sinn gut ein und sprich: ›Da ich nun das zweite Licht des Reinen Seins erfahre, möge ich alle Angst zurückweisen und einsehen, dass alle Erscheinungen, die mir begegnen, aus meinem eigenen Geist stammen. Möge ich die Scharen der Friedvollen und Schrecklichen als Erscheinungen und Spiegelbilder meiner selbst erkennen und nicht mehr fürchten!‹

Sprich dir diese Worte immer wieder vor und erkenne mit deinem Herzen ihren Sinn. Erkenne jede Erscheinung, so furchtbar sie auch sein mag, als eine Projektion deiner selbst und fürchte dich nicht! Das blendende Licht, der tönende Donner – all das ist nur Spiegelbild deines eigenen Seins. Du hast keinen Körper aus Fleisch und Blut mehr und die Laute, das Licht und die Strahlen, die du wahrnimmst, können dir nichts anhaben. Sie sind lediglich Erscheinungen des Bardo. Erkennst du dies nicht, wird das Licht und der Donner dich in furchtbare Angst versetzen und du musst weiter in der Zwischenwelt umherirren und wiedergeboren werden!«

Der Rinpoche wiederholte die Belehrungen und Gebete und hoffte inbrünstig, dass sein Freund sich ihrer im Bardo erinnern möge. Er hatte die Gewissheit, dass es in jedem Augenblick möglich wäre, Einsicht zu erlangen und Befreiung. Selbst für einen schlimmen Sünder wie seinen alten Freund Dorjee. Sonam Tsering wusste, dass Dorjee nicht von Grund auf böse war. Er kannte auch die guten Seiten seines Herzens. Wenn Dorjee doch nur begreifen würde! Die Vorstellung, dass sein Kamerad aus Kindertagen die Schrecken seiner Unwissenheit, seines Hasses, seiner Gier nun als Projektionen seines Geistes im Bardo erleben müsste, machte ihn traurig.

Er würde mit aller Kraft weitersprechen; zumindest musste er verhindern, dass Dorjee in der Welt der Tiere oder gar der Hungergeister wiedergeboren würde. Vielleicht würde es ihm sogar gelingen, Dorjees Geist davon abzuhalten, erneut in einen Mutterschoß einzugehen.

Sonam Tsering seufzte und sprach weiter. Komme was wolle – er würde die nächsten Tage bei dem Toten sitzen und seinem Freund in diesen schweren Stunden beistehen.

»Dorjee Wangchuk, höre mir gut zu. Nunmehr, wo du im Zwischenzustand weilst, haben die guten und bösen Wahrnehmungen, die dir erscheinen, eine große Macht. Daher wende deine Gedanken von deinen üblen Taten ab und rufe dir das Gute, das du getan hast, ins Bewusstsein. Bete mit inniger Hingabe zu Avalokiteshvara, dem Herrn des Großen Mitgefühls, und sprich:

›Mögen die Buddhas die Kraft ihres Mitleids aussenden und mich vor den Schrecken des Zwischenzustands bewahren.‹ Ertönt der tausendfache Donner des Wahren Seins, möge der Klang zum Ton des sechssilbigen Mantras werden: Om mani padme hum …«

Das zweite Licht

Dorjee hört mit übernatürlicher Klarheit, was der Rinpoche spricht. Er hat es schon früher gehört, als ihm sein Freund das Bardo Thödol erklärte. Obwohl er damals kaum zugehört hatte, erinnert er sich nun deutlich an alles, und es überkommt ihn ein Grauen. Er fühlt sich wie gelähmt und seine Gedanken werden wirr.

Alles, was Sonam jetzt sagt, hat er doch schon oft gehört. Mit aller Klarheit erinnert er sich an die Worte, doch es will ihm einfach nicht mehr einfallen, was sie bedeuten. Diese Worte, die »Schrecken des Zwischenzustands«, machen ihm Angst. Er versucht, der Belehrung zu folgen und wiederholt das große Mantra »Om mani padme hum«. Doch er spricht es ohne Vertrauen, und seine Angst wird immer stärker.

Ich muss weg von hier!, denkt er verzweifelt. Am liebsten würde er schreien. Mit äußerster Mühe erhebt sich Dorjee. Es kostet ihn große Anstrengung – doch zugleich spürt er seltsamerweise kein Gewicht.

Er sieht seinen Freund, den Lama, der an einem Bett sitzt, auf dem ein alter Mann liegt. Der Lama beugt sich zum Ohr des Alten und flüstert etwas – ja, das sind die Worte, die Dorjee eben noch solche Angst eingeflößt haben.

Er geht durch den Raum und betritt das Nebenzimmer, in dem Menschen sind, die traurig zu sein scheinen. Was machen diese Menschen hier? Allmählich erkennt er sie und wundert sich sehr, dass er es nicht gleich bemerkt hatte. Da ist seine Schwester, zwei Neffen, deren Kinder … es sind seine Verwandten. Sie haben seine Kleider zusammengepackt. Was soll das?

Er ruft: »Tashima, Schwester! Verwandte! Was tut ihr hier?« Seine Stimme klingt laut und volltönend in seinen Ohren, doch keiner der Anwesenden blickt ihn auch nur an. Er ruft seine anderen Verwandten, einen nach dem anderen – doch sie scheinen ihn nicht zu hören. Er ruft noch einmal, noch lauter diesmal: »Schwager Tenzin! Kannst du mich hören?«

Die Stimme des Lama aus dem Nebenraum klingt in Dorjees Kopf:

»Du hast keinen Körper aus Fleisch und Blut mehr. Die friedvollen und schrecklichen Geister, die dir erscheinen werden, die Laute, das Licht und die Strahlen, die du wahrnimmst, können dir nichts anhaben. Erkenne, dass all das aus dir selbst kommt. Begreife, dass du dich im Zwischenzustand befindest. Wenn du diese Belehrung nicht verstehst, werden das Licht und der Donner dir große Angst machen. Dann wirst du fliehen und weiter in der Zwischenwelt umherirren und wiedergeboren werden! Darum höre gut zu, erinnere dich.«

Dorjee spürt, dass das, was er hört, wichtig ist, doch er kann nichts tun. Er fühlt sich machtlos, verzweifelt und getrieben.

DIE VISIONEN DER FRIEDVOLLEN MÄCHTE

Das Erwachen

Drei Tage vergingen. Der Rinpoche beobachtete immer wieder den Leib seines verstorbenen Freundes, ob Flüssigkeit aus einer der neun Körperöffnungen austräte. Das wäre ein Hinweis auf den Weg, den Dorjees Bewusstsein nehmen würde. Sonam hoffte aus ganzem Herzen, dass er einen Tropfen aus der Fontanelle des Toten quellen sehen könnte. Das wäre ein wunderbares Zeichen: ein Zeichen dafür, dass Dorjee, wenn er denn schon wiedergeboren werden musste, den besten Weg genommen hätte. *»Denn den Weg, den das Bewusstsein beim Austritt aus dem Körper nimmt, bestimmt, in welchem der sechs Bereiche unsere zukünftige Wiedergeburt stattfinden wird. Wenn es durch die Fontanelle, am Scheitelpunkt des Kopfes, unseren Leib verlässt, werden wir im Reinen Land wiedergeboren. Dort ist es leicht, Erleuchtung und Befreiung zu erreichen …«*, murmelte er vor sich hin. Dann lächelte er ein wenig traurig, als er merkte, dass er sich Träumereien hingab. Dorjee war keiner seiner Brüder im Kloster. Er würde wohl den schweren Weg durch all die Schrecken und Versuchungen des Bardo nehmen müssen. Heute war der dritte Tag nach seinem Tod. Bislang war Dorjee, sofern er nicht Zuflucht zum Urlicht genommen hatte, bewusstlos gewesen. Nun aber würde er erwachen und ins Bardo der Dharmata gelangen.

Es war nun Zeit, den Toten aufzubahren und dann zur Himmelsbestattung zu bringen. Das weiße Tuch war nicht mehr nötig. Seine Seele hatte den Körper jetzt mit Sicherheit verlassen. Mithilfe der Verwandten brachte er Dorjee in eine embryonale, sitzende Haltung. Eigentlich sollte an der östlichen Wand ein buddhistischer Schrein stehen. Und in einer Ecke gegenüber war der traditionelle Wohnort des Hausdämons. Das war auch der Ort, an dem der Verstorbene aufgebahrt wurde. Doch Dorjee hatte nichts von dem alten »Aberglauben« gehalten, und es gab keinen Schrein. Es war nicht so wichtig; bald würde sein Körper in der Himmelsbestattung zerteilt und von den Geiern verspeist werden. Dorjees Seele hatte den Körper verlassen und würde noch in der Nähe sein. Nur darauf kam es an.

Sonam Tsering trank einen Schluck Tee und sprach weiter, und seine traurige Stimmung löste sich auf wie ein Nebel, auf den die Sonne strahlt. In jedem Augenblick gab es Hoffnung. Selbst ein Mensch, der so viele üble Taten wie der skrupellose Kaufmann Dorjee Wangchuk begangen hatte – selbst sein lieber böser Freund Dorjee konnte noch Befreiung erlangen, wenn er nur erfasste, was Sonam ihm erklärte.

»Dorjee Wangchuk, höre mir gut zu: Der Sturm deines Karma, der nun bedrohlich aufzieht, wird äußerst schrecklich sein, und du wirst glauben, es nicht ertragen zu können. Doch fürchte dich nicht davor – es ist eine Illusion, die aus deinem eigenen Geist kommt. Die furchtbare, große, unerträgliche Dunkelheit geht dir voraus. Denen, die in starker

Verblendung gelebt haben, werden die fleischfressenden Dämonen ihrer eigenen Taten erscheinen. Du wirst fliehen – doch du kannst nicht vor dir selbst fliehen. Auf deiner Flucht werden sich drei Abgründe auftun und dir den Weg abschneiden.

Dorjee Wangchuk, begreife, dass auch diese Abgründe Illusion sind – es sind drei Geistesgifte: Hass, Begehren und Unwissen.

Erkenne dann, dass du im Zwischenzustand des Werdens bist, und rufe Avalokiteshvara, den Großen Herren des Mitleids, an, dass er dir beistehe ….

Es wird dir nun die Vision des Erhabenen Vairocana aufgehen, begleitet von der göttlichen Mutter Akashadhateshvari, der Beherrscherin des Himmelsraums. Du wirst ihnen von Angesicht zu Angesicht gegenüberstehen. Das Licht aus den Herzen Vairocanas und der göttlichen Mutter trifft dich so stark, dass du glaubst, deine Augen könnten es nicht ertragen. Zur selben Zeit wird dir ein mildes weißes Licht erscheinen, das nicht so unerträglich strahlt. Aufgrund deines schlechten Karmas wirst du vor dem strahlenden Licht, das die Urweisheit des Seins ist, Angst und Schrecken empfinden, und du wirst versuchen, diesem Licht zu entfliehen. Das milde weiße Licht wird dir hingegen angenehm und tröstlich erscheinen. Doch fürchte das strahlende Licht nicht! Es ist das Licht des Tathagata, die Urweisheit des Seins – vertraue ihm und bedenke, dass es das Licht des Mitleids des Tathagata Vairocana ist! Es ist Vairocanas Licht des Mitleids! Wende dich von dem nicht strahlenden, milden weißen Licht ab, begehre es nicht, verwirf jedes Verlangen danach! Lasse dich nicht von dem milden weißen Licht anziehen! Sehne dich nicht danach! Gehe dem hellen blauen Licht entgegen – es ist der erhabene Buddha Vairocana, begleitet von der göttlichen Mutter Akashadhateshvari, es ist der Raum selbst. Gehe in dieses Licht ein und erlange Befreiung, sodass du nicht weiter im Bardo umherirren musst!«

Der Rinpoche wurde still. Nun musste er ihn das Gebet lehren. Er begann, nochmals zu sprechen.

»Strebe nach dem hellblauen strahlenden Licht und richte aus ganzem Herzen dein Gebet an Vairocana. Sprich mir dieses Gebet nach:

> *›Nun, da ich durch meine tiefe Unwissenheit im Bardo umherirre, bitte ich dich, Vairocana, leite mich auf den lichten Weg der Urweisheit des Seins.‹«*

Die Vision des Vairocana

»›Nun, da ich den Zwischenzustand der Dharmata betrete, werde ich alle Ängste und Schrecken loslassen, denn ich weiß, dass alles, was mir an friedvollen und schrecklichen Erscheinungen begegnet, nur Visionen des Bardo sind – die aus meinem eigenen Geist heraus entstehen. Nun ist ein Wendepunkt, und an diesem Wendepunkt werde ich meine eigenen Projektionen nicht fürchten.‹«

Dorjee hört diese Worte, er weiß, dass sie ein Gebet sind, das er sprechen soll. Er weiß, dass diese Worte wichtig und wahr sind. Und doch erfüllen sie ihn mit Grauen. Was werden diese Projektionen sein? Sie müssen wohl wahrlich furchterregend sein, wenn es so wichtig ist, dass er sich in Erinnerung rufen soll, sie nicht zu fürchten.

Er blickt um sich. Die Welt um ihn herum ist gleichzeitig von absoluter Klarheit und doch nicht begreiflich. Es ist wie eine Luftspiegelung im Hochsommer, wenn die Sonne im Zenit steht und auf die Ebene strahlt. Obwohl es nichts zu sehen gibt, ist dieses Nichts in ein strahlend klares Licht gehüllt. Nochmals ruft sich Dorjee das Gebet ins Gedächtnis, doch die Vorahnung eines ungewissen Grauens ängstigt und verwirrt ihn.

Plötzlich ertönt aus dem Licht ein Donner, der ihn erzittern lässt. Es ist, als klängen tausend Donnerschläge auf einmal – als ob der Donner nicht nur von außen an sein Ohr dringt, sondern von innen heraus seine Seele erzittern lässt.

Dorjee weiß wohl, dass er keinen Körper mehr hat. Und doch ist ihm, als zittere er am ganzen Leib. Das strahlend helle Licht zieht sich mit einem Mal zusammen und wird zu einem gleißend hellen Punkt. Alles bis auf diesen Punkt strahlt blau. Das strahlend blaue Licht durchdringt den Raum, strahlt in alle Himmelsrichtungen. Das Licht ist kaum erträglich und blendet Dorjee so sehr, dass er glaubt, blind zu werden. Doch anstatt blind zu werden, durchdringt ihn das Licht, auch als er seine Augen zu schließen versucht.

Der strahlende Lichtpunkt beginnt mit einem Mal sich auszudehnen, wächst ins Riesenhafte, und eine gewaltige Gestalt, höher als die Berge, entsteht vor Dorjees Augen. Nein, es sind sogar zwei Gestalten, eine männliche und eine weibliche. Dorjee fallen die Worte ein, die ihm Sonam vorgelesen hat, und er versteht, dass dies Vairocana und seine Gefährtin sind; es ist der Raum selbst, der sich in den riesenhaften göttlichen Wesen manifestiert. Dorjee blickt zitternd zu diesen Gestalten auf.

»Ich weiß, dass dies alles nur Projektionen meines Geistes sind. Ich muss sie nicht fürchten! Ich darf sie nicht fürchten!« Er wiederholt die gelernten Worte wieder und wieder, doch er glaubt ihnen nicht und fürchtet sich mehr als je zuvor.

Aus den Augen der Riesen durchbohren Dorjee Pfeile aus Licht, und er will, ja, er muss fliehen. Doch wohin nur?

Dort – aus einer Richtung erkennt er ein mildes, sanftes und warmes Licht, das Zuflucht verheißt.

Dorjee zögert ein wenig, als, wie aus weiter Ferne, die Worte, die ihn der Rinpoche einst lehrte, erklingen: *»Lasse dich nicht von dem milden weißen Licht anziehen! Sehne dich nicht danach! Gehe dem hellen blauen Licht entgegen – es ist der erhabene Buddha Vairocana, begleitet von der göttlichen Mutter Akashadhateshvari, es ist der Raum selbst. Gehe in dieses Licht ein und erlange Befreiung, sodass du nicht weiter im Bardo umherirren musst!«*

Dorjee macht einen Schritt auf die Riesengestalt Vairocanas zu, und das strahlende Blau beginnt, seine Seele, sein Ich aufzulösen.

»Nein!«, schreit Dorjee und wendet sich ab. Nun kann er sich aus der Erstarrung lösen und stürzt dem milden weißen Licht entgegen, das so viel wärmer und anziehender wirkt.

1943 – Die Wut und die Trauer

Es war endlich wieder Sommer, und Sonne wärmte die Luft und die Herzen der Menschen. Dorjee rieb sich den Schlaf aus den Augen und kroch aus der Jurte, noch bevor der Tag angebrochen war. Er blickte in den klaren, dunkelblauen Himmel, hinauf zu den Bergriesen, und Abenteuerlust und ein Verlangen nach der Ferne erfüllten sein Herz. Einen kurzen Moment war er von Staunen über die Welt und Glück erfüllt. Doch dann erklang ein Wimmern aus der Jurte, und es war, als breite sich ein schwarzes Tuch über Dorjees Seele. Seine kleine Schwester Tashima war erwacht und forderte die Aufmerksamkeit der Mutter. Ja, im Winter hatte er eine kleine Schwester bekommen. Und mit der Schwester kam eine neue Zeit.

Dorjee liebte seinen Vater und Bruder, und auch die kleine Schwester liebte er anfangs, am meisten aber liebte er Lhagkpa, seine Mutter. Doch seine Mutter, die ihn stets auf den Schoß genommen hatte, die ihm Lieder gesungen und ihn getröstet hatte, wenn er traurig war, hatte sich von ihm abgewendet, seit sie dem kleinen Mädchen ihre ganze Aufmerksamkeit schenkte. Sein großer Bruder hatte im vergangenen Herbst geheiratet und lebte fast eine Tagesreise entfernt. Nun drehte sich alles nur noch um das kleine wimmernde Bündel, um Tashima. Dorjee fühlte sich einsam und verlassen, und sein Herz tat ihm weh.

Dorjee war kein kleines Kind mehr. Er verstand, dass sein Bruder eine eigene Familie gründen wollte, und auch, dass die Mutter sich um das Baby kümmern musste, verstand er, selbst wenn er die frühere Nähe zu Lhagkpa vermisste. Das war eben der natürliche Lauf der Dinge. Doch in letzter Zeit war Lhagkpa geradezu abweisend. Hasste ihn seine Mutter? Aber welchen Grund konnte es dafür geben? Er verstand es einfach nicht. Was hatte er getan, dass seine Mutter ihn nicht mehr liebte? Und auch sein früher stets fröhlicher und guter Vater war stiller und strenger geworden. Dorjee begannen Tränen über die Wangen zu laufen, und er verachtete sich dafür. Er wusste nicht, ob er aus Mitleid mit sich selbst weinte oder aus Wut darüber, dass seine Eltern ihn wohl aus ihrem Herzen ausgeschlossen hatten.

Vater Jamyang trat aus der Jurte und legte seine Hand auf Dorjees Schulter. »Du bist nun schon groß, Dorjee, schon bald ein junger Mann«, sagte Jamyang. Er klang müde. »Bist du etwa eifersüchtig auf deine kleine Schwester?«

Dorjee spürte die innere Hitze der Wut in sich aufsteigen, und er ballte die Fäuste. Es war umso schlimmer, da er fühlte, dass sein Vater in sein Herz geblickt und die Wahrheit erkannt hatte. Ja, er war eifersüchtig – wie schön war es doch gewesen, als Lhagkpa sich noch ganz um Dorjee gekümmert hatte. Beschämt wandte er sich ab und lief davon. Sein Vater rief ihm nach, doch er hörte nicht und rannte immer weiter, bis er zum Fluss kam. Er saß am Ufer des murmelnden Wassers, und die Stimme des Flusses begann, ihn zu beruhigen. Doch die Trauer in seinem Herzen blieb. Versunken blickte er auf den Fluss, fragte sich, was der Fluss alles sehen mochte, wohin er floss, während er sich danach sehnte, wie dieser Fluss zu sein: still, unbekümmert, wissend und auf dem Weg in die unbekannte Ferne.

»Heiya!«, rief eine vertraute Stimme und riss Dorjee aus seinem Tagtraum. Sofort fühlte er sich besser. Sein Freund Sonam war gekommen. Sie trafen sich immer hier am Fluss – doch heute war es, als hätte Sonam den Hilferuf seines Freundes vernommen, denn sonst war er nie so früh hier gewesen. Die Freunde umarmten sich. Sonam sah Dorjee forschend an. »Du siehst traurig aus«, sagte er. »Und … und ein wenig wütend?« Dorjee lachte gezwungen. Es war unheimlich, wie sein Freund in seine Seele blicken konnte. Sonam sah ihn still an.

Kann ich ihm sagen, was mich quält?, fragte sich Dorjee. *Vielleicht lacht er mich aus. Vielleicht …* Hätte Sonam jetzt nur ein Wort gesprochen, hätte es Dorjee nicht über sich gebracht, etwas zu sagen. Doch sein Freund sah ihn nur stumm an, Mitgefühl stand in seinen Augen. Und so schüttete Dorjee seinem Freund sein Herz aus. Er sprach von seiner Einsamkeit, seiner Wut, seiner Eifersucht auf die kleine Schwester. Sonam lachte.

Dorjee erstarrte. Sein Freund lachte ihn aus. Auch er war also gegen ihn. Röte stieg in sein Gesicht. Doch Sonam legte seinen Arm um die Schultern seines Freundes. »Ich verstehe dich sehr gut, Dorjee«, sagte er. »Schau, ich habe das selbst erlebt. Ich habe zwei ältere Brüder und zwei jüngere Schwestern. Auch ich habe meine Mutter vermisst, als meine kleine Schwester geboren wurde. Aber beim zweiten Mal war es schon leichter.« Dorjee atmete tief durch. Seine Wut und Beschämung verschwanden, und er fühlte sich schon viel besser. Wie gut war es doch, einen Freund zu haben!

»Und wenn ich mich verloren fühle, denke ich an Buddha, den großen Herrn des Mitleids ...«

Dorjee wusste nicht recht, ob er seinen Freund auslachen oder bewundern sollte. Für einen Moment spürte er wieder die Einsamkeit und Eifersucht. Mutter hatte Vater und Tashima, Sonam hatte Buddha.

Doch bald schon tobten und lachten die beiden Knaben, spielten Fangen und lagen danach erschöpft im Gras.

Es ist doch alles gut, dachte Dorjee. Aber da sagte sein Freund: »Vielleicht nächsten Sommer schon oder übernächsten werde ich ins Kloster gehen und Mönch werden.«

»Was?« Dorjee sprang auf. Seine Augen blitzten. Sein Bauch fühlte sich an, als wühlte ein *Pika*, ein kleiner Pfeifhase, darin. Seine Mutter liebte ihn nicht mehr, sein Vater war streng, sein Bruder war weit fort – und nun würde ihn auch sein Freund Sonam verlassen.

»Das meinst du nicht ernst!« Er schrie Sonam an. Das Lächeln auf den Lippen des Freundes erstarb, und er sah Dorjee mit großen Augen erstaunt an.

Dorjee wandte sich wütend ab und lief nach Hause. Sonam rief ihm hinterher: »Dorjee, komm doch mit mir – werde auch du Mönch. Dann sind wir Brüder ...« Doch Dorjee hörte es nicht mehr.

In den folgenden Tagen versuchte Dorjee, Lhagkpa mit Schmeicheleien, Späßen und Geschichten wieder für sich zu erobern. Doch seine Mutter blieb still und abweisend. Dorjee fühlte sich nun nicht mehr nur zurückgesetzt – immer mehr war er davon überzeugt, dass ihn seine Mutter nicht mehr liebte. Warum nur? Je tiefer Dorjee sich in diese Gedanken versenkte, desto trauriger wurde er – und wütender.

Eines Abends beschimpfte er Lhagkpa, beleidigte sie und warf das Bild des 13. Dalai Lama Thubten Gyatso, das seine Mutter so verehrte, zu Boden. Er hasste dieses Bild. In den letzten Tagen hatte sie mehr mit dem Bild gesprochen als mit ihm, ihrem Sohn!

Dorjee lief davon und kehrte zwei Tage nicht nach Hause zurück.

Als er schließlich doch kam, erfuhr er den wahren Grund für Lhagkpas innere Abwesenheit. Er sah, wie sein Vater heimlich weinte und begriff, dass seine geliebte Mutter schwer krank war.

Drei Nächte wachte Dorjee am Bett seiner fiebernden und immer schwächer werdenden Mutter. Am dritten Morgen schlug sie die Augen auf. Ihr Blick war klar, und von ihren Augen ging ein überirdisches Strahlen aus, das ihm Angst machte.

»Mein lieber Dorjee«, flüsterte sie und strich dem Knaben zärtlich über das Haar. »Ich glaube, ich werde nun von euch gehen. Dorjee, mein Liebling, vergiss mich nicht.«

Dorjee verstand nicht, wollte nicht verstehen, was seine Mutter da sprach. Doch er spürte, dass nun etwas Furchtbares geschehen würde und begann, heftig zu weinen.

»Mein Dorjee, weine nicht! Das Rad des Lebens dreht sich weiter, und gewiss wird meine Seele wiedergeboren werden. Fürchte dich nicht – alles ist gut.«

Dorjee weinte nun immer lauter und fiel seiner Mutter panisch um den Hals. Jamyang war nun ebenfalls erwacht und riss Dorjee von seiner Mutter fort. Er kniete sich neben Lhagkpa und flehte: »Meine Liebste, meine Frau, geh nicht fort! Wie soll ich das nur ertragen?«

Lhagkpa hob matt ihre Hand und streichelte die raue Wange ihres Mannes. Dann fiel ihre Hand herab, der Atem und das Leben verließen sie.

Jamyang schrie auf vor Schmerz. Seinen Sohn, der sich weinend an die Hand seiner toten Mutter klammerte, beachtete er nicht.

Die Spiegelgleiche Urweisheit

Der Rinpoche erwachte in der kleinen Kammer, die er in Dorjee Wangchuks Haus, das nun wohl das Haus seiner Schwester war, vorübergehend bezogen hatte. Er war schließlich alt, und der tägliche Weg hinauf zum Kloster und hinab zum Haus des Verstorbenen wäre zu beschwerlich. Auch wollte er bei seinem Freund sein, solange dessen Geist, falls kein Wunder geschehen war, noch im zweiten Bardo der Dharmata umherirren musste.

Der Lama wusch sich und kleidete sich an; dann ließ er sich im Lotossitz nieder und begann seine Meditation. Heute fiel es ihm schwer, tief in die Stille einzutauchen. Immer wieder stiegen sein Leben und das seines Freundes in seinem Geist auf. Szene um Szene zog durch seine Erinnerungen: wie sie als Kinder miteinander gespielt hatten, wie sich ihre Wege trennten und doch immer wieder trafen, wie sich die tibetische Welt von Grund auf verändert hatte, zum Guten wie zum Schlechten … so viele Jahre, so viel Leiden. Und doch begehrten die Menschen immer mehr davon; selbst viele, die sich als gläubige Buddhisten sahen, wünschten sich eine Wiedergeburt. Niemand sehnte sich nach Befreiung. Jeder klammerte sich an das Rad des Lebens. Sie wollten wieder und wieder vom Leben kosten, auch wenn sie noch so viel gelitten hatten. Vielleicht war es jedoch auch so, dass sie aufgrund ihres Karmas wiedergeboren werden mussten und gar nicht anders konnten? Sonam Tsering seufzte auf. Ja, es fiel wohl schwer loszulassen, das Haben, das Wollen, das Wünschen, das Leben. »Und immer wieder diese Gedanken!«, murmelte der Lama und lächelte. Und schließlich gelang es ihm, seinen Geist zu befreien …

Eine Stunde später saß der Lama wieder in dem Raum, in dem Dorjee aufgebahrt war. Sonam schloss die Augen, wandte sich innerlich seinem alten Freund zu und sprach:

»Dorjee Wangchuk, höre mir gut zu. Trotz der Unterweisung ist es dir nicht gelungen, deine Angst vor dem strahlenden Licht Vairocanas zu meistern. Diese Angst war aus Wut und Aggression geboren, die es deinem Geist schwer machen, die Unterweisung zu verstehen. Nun, am zweiten Tag, wird aus den Tiefen deines eigenen Geistes eine weitere Erscheinung aufgehen – die Vision des Erhabenen Vajrasattva Akshobhya und seiner Begleiter. Das weiße strahlende Licht, das von ihnen ausgeht, ist die Spiegelgleiche Urweisheit.

Dieses strahlende Licht ist die Urweisheit, doch du wirst Furcht empfinden! Das klare Licht, das aus den Herzen des Vajrasattva hervorbricht, will deine Seele von Hass befreien – doch der Hass und die Unwissenheit in dir fürchten ihre Auslöschung. Und so wird dir ein anderes, rauchfarbenes Licht als angenehme Zuflucht erscheinen. Du empfindest wohl Angst und Schrecken vor dem strahlenden Licht, und du willst vor diesem Licht fliehen. Doch gib acht, Dorjee! Fürchte das leuchtende, strahlende, klare und durchsichtige Licht nicht, sondern erkenne es als die Urweisheit! Lass deinen Hass los. Sprich zu dir: ›Zu Vajrasattva nehme ich Zuflucht!‹ Der Erhabene Vajrasattva ist gekommen, um dich aus dem Schrecken und den Ängsten des Zwischenzustands zu führen. Im rauchfarbenen, strahlenlosen Licht liegt der unselige Pfad deiner schlechten Taten, die du durch deine Wut angehäuft hast. Gehe keinesfalls diesen Weg und gib deinen Hass auf!«

Der Rinpoche hielt kurz inne und richtete seinen Geist vollkommen auf seinen Freund, in der Hoffnung, dass er das Gesagte hören und verstehen möge. Nach sieben mal sieben Atemzügen konzentrierte er sich wieder auf das Bardo Thödol und sprach weiter:

»Wenn deine Angst dir die Einsicht verwehrt, wende dich mit ganzem Herzen an den Erhabenen Vajrasattva und sprich mir dieses Gebet nach:

> *›Nun, da ich durch meine Wut und meinen Hass im Bardo umherirre, bitte ich dich, Erhabener Vajrasattva, führe mich auf den klaren Weg der Spiegelgleichen Urweisheit‹ …«*

Vision des Vajrasattva Akshobhya

»Bete mit ganzer Hingabe, Dorjee! Wenn du wirklich mit ganzem Herzen den Erhabenen Vajrasattva in dich aufnimmst, wirst du in seinem Herzen ganz aufgehen.«

Dorjee hört diese Worte, und wünscht, er könne die Mahnung des Lama ohne Weiteres beherzigen. Obwohl er es besser wusste, war er vor der ersten Vision geflohen. Zwar war es ihm gelungen, nicht in das warme Licht zu fliehen, doch jetzt ist er hier, das blaue strahlende Licht ist verschwunden, und auch das warme Licht, das er begehrte, ist nicht mehr da.

Dorjee ist verwirrt und verzweifelt. Was wird nun geschehen? Er blickt um sich. Ein weites Meer liegt vor ihm, still und unbewegt. Keine Tiere, keine Pflanzen, nur glattes Gestein, das sich zu bewegen scheint.

»Es sind alles nur Visionen meines eigenen Geistes«, murmelt er. Er wiederholt es wieder und wieder und fühlt sich allmählich sicherer. »Diesmal werde ich nicht fliehen, sondern standhalten! Auch Vajrasattva, wie auch immer er mir erscheinen mag, ist nur eine Projektion meiner Seele! Ich werde mich nicht fürchten! Nein, ich werde nicht fliehen. Ich werde keine Angst haben ...«

Doch indem er »fürchten«, »fliehen« und »Angst haben« denkt, steigen Furcht, der Drang zu fliehen und die Angst wieder in ihm auf. Er will stark sein – doch wie soll er stark sein, da er doch aufgelöst wird, da sein kostbares Ich verschwindet ...

Das Meer gerät langsam in Bewegung, und das Wasser steigt schließlich zu baumhohen Wellen auf, ohne zu brechen. Es ist kein Rauschen zu hören, sondern ein tiefes Grollen, das immer lauter und mächtiger wird. Es ist nicht hell und nicht dunkel – auch wenn kein Licht scheint, kann Dorjee alles klar erkennen. Wenngleich es nicht viel zu erkennen gibt. Aber während er dies denkt, steigt im Osten ein weißes Licht auf, nicht wie die Sonne, eher wie ein unfassbar heller Stern.

Das Licht wird rasend schnell größer und nimmt die Form eines gewaltigen blauen Gottes an, der auf einem Elefanten, groß wie ein Berg, reitet. Vor ihm sitzt eine weibliche Gestalt, nicht minder machtvoll wie der Gott, der Erhabene Vajrasattva.

Für einen kurzen Moment begreift er: Alles kommt aus ihm selbst – sein Leib, die Angst und sogar der Erhabene – Vajrasattva. Dieser Gedanke ist jedoch sofort wieder verschwunden und wird von der Angst verdrängt, die erneut in Dorjee aufsteigt. Die Götter kommen immer näher. Jeder ihrer Schritte lässt die Welt beben. Und immer wieder klammert sich Dorjee an den tröstenden Sätzen fest: »Ich werde nicht fliehen. Ich werde mich nicht fürchten, werde keine Angst haben. Ich werde nicht fliehen!« Immer schneller sagt er es sich vor, damit kein anderer Gedanke dazwischentreten kann. Doch vor ihm, riesenhaft, stehen nun Vajrasattva und seine Gefährtin. Dorjee wiederholt sein Mantra immer wieder, doch er denkt mittlerweile nur noch: »... fliehen ... fürchten ... Angst ... fliehen ...«

Da hört er wie aus weiter Ferne die Worte des Lama: *»Wenn deine Angst dir die Einsicht verwehrt, wende dich mit ganzem Herzen an den Erhabenen Vajrasattva!«*

Dorjee wagt nicht, zu der Vision aufzublicken, doch er kann nicht anders. Und schließlich spricht er die Worte seines vertrauten Freundes nach:

> *»Erhabener Vajrasattva, führe mich auf den klaren Weg der Spiegelgleichen Urweisheit.«*

Während Dorjee das Gebet immer und immer wiederholt, lässt seine Angst ein wenig nach. Er hebt seine Augen auf zu dem Gott, von dem er weiß, dass er eine Vision seines eigenen Geistes ist. Wovor also fürchtet er sich?

Aus den Herzen des Gottes und seiner Gefährtin Locana bricht nun ein Licht hervor, durchdringende Lichtstrahlen treffen Dorjee. Sofort ist die Ruhe, die er beim Gebet gefunden hat, verschwunden. Er kann nur noch denken: »… fliehen … fürchten … Angst … fliehen …« Er weiß noch, was der Lama gesagt hat: »… *der Hass in dir fürchtet seine Auslöschung.*« Der Hass? Nein: Er, Dorjee, fürchtete die Auslöschung! Wenn er sich ganz dem strahlenden Licht aus den Herzen Vajrasattvas und seiner Gefährtin Locanas hingäbe, würde er aufhören zu sein!

Dorjee will nicht »erleuchtet« sein – was immer das heißt. Er will einfach nur wieder Dorjee sein! Panisch sieht er sich um. Da ist noch ein Licht! Eines, das Zuflucht und ein angenehmes Leben verspricht! Dieses rauchfarbene Licht strahlt eine wohlige Wärme aus! Dorjee bewegt sich auf dieses Licht zu – nur weg! Doch die Erinnerung an die Worte des Lama lässt ihn innehalten: *»Im rauchfarbenen, strahlenlosen Licht liegt der unselige Pfad deiner schlechten Taten, die du durch deinen Hass angehäuft hast. Gehe keinesfalls diesen Weg …«*

Dorjee wird langsamer und bleibt stehen. Nein, er darf nicht weitergehen – keinen Schritt. Dorjee erstarrt, und allmählich wird es dunkel.

1945 – Die Ungerechtigkeit

Tashima, Dorjees kleine Schwester, war schwer krank. Seit Lhagkpa gestorben war, wurde in Wangchuks Jurte nicht mehr gelacht. Vaters Mutter, die *Mola,* war nun für das kleine Kind da – sie, die selbst neun Kinder geboren und großgezogen hatte. Doch *Mola* war alt. Sehr alt. Das Gehen fiel ihr schwer, sie hörte kaum noch und sah nicht mehr gut. Und so war es auch Dorjees Aufgabe, sich um sein Schwesterchen zu kümmern. Er wagte nicht, es auszusprechen, wagte nicht einmal, es sich selbst einzugestehen: Doch er hasste seine Schwester. Er war im Innersten davon überzeugt, dass Mutter wegen ihr gestorben war.

Sein Vater war kaum noch zu Hause, denn seit sein Bruder Jamtsho geheiratet hatte, musste Jamyang Wangchuk die Herde hüten – wer also sollte Tashima versorgen, wenn nicht Dorjee. Wenngleich er seine Schwester nicht liebte, tat es ihm doch weh, sie weinen zu sehen. Dann nahm er sie in den Arm und sang ihr eines der Lieder vor, die Mutter ihm gesungen hatte. Doch an diesem Abend wurde sie nicht ruhig, lächelte nicht und schlief nicht ein. Sie wimmerte leise und fühlte sich heiß an. *Mola* wachte nachts an ihrer Seite und sprach Gebete. Am Morgen des dritten Tages sah sie Jamyang an und schüttelte den Kopf. »Mein Sohn, deine Tochter braucht Medizin, sonst wird sie sterben.«

»Nein!«, schrie Jamyang, und Dorjee schreckte aus dem Schlaf auf. »Nicht meine Tashima!« Seine Augen glänzten, als ob er selbst im Fieber läge. Er stürzte an Dorjees Lager. »Dorjee, lauf in die Stadt zum Arzt und hole Medizin. Jetzt sofort. Beeil dich.« Dorjee sprang auf und kleidete sich an. Vater hatte inzwischen etwas auf ein Stückchen Leder geschrieben und gab es Dorjee mit einem kleinen Beutel. »Das ist genug Geld für die Medizin. Lauf, Dorjee!«

Und Dorjee lief.

Die »Stadt«, ein kleines Örtchen nahe des Nyethang Drolma Lhakhang Tempels, hatte Dorjee erst zwei Mal gesehen. Das erste Mal bei der Hochzeit seines Bruders, das zweite Mal bei der Totenfeier für seine Mutter.

Er lief, so schnell ihn seine Füße trugen. Er wollte nicht daran denken, dass Tashima sterben könnte. Was würde geschehen, wenn sie stürbe, weil er zu langsam gelaufen war? Er könnte es sich nie verzeihen. Nein, vielleicht hasste er Tashima doch nicht. Bei dem Gedanken, dass sein Schwesterchen sterben könnte, begannen ihm die Tränen in die Augen zu steigen. Das durfte nicht geschehen! Und Vater würde ihm auch nicht verzeihen. Er liebte seine kleine Tochter mehr als alles andere. *Sicherlich mehr als mich!*, dachte Dorjee bitter.

Die vielen Menschen machten Dorjee nervös. So viele Gesichter auf einmal hatte er nur bei den Familienfeiern gesehen – aber das waren alles bekannte Gesichter gewesen. Er fühlte sich verloren. Eine Gruppe junger Mönche kam ihm entgegen. Dorjee machte ehrerbietig Platz und verneigte sich. Sein Freund Sonam wollte auch Mönch werden, fiel ihm ein. Dorjee konnte es sich nicht recht vorstellen. Diese heiligen Männer waren wohl kaum Hirtenjungen gewesen. Und doch musste es wohl so sein, denn die Mönche heirateten ja nicht und hatten keine Kinder. Also waren die Eltern der Mönche nicht selbst Mönche oder Nonnen. Er beobachtete diese Mönche: Sie waren fröhlich und doch würdig, verehrt und keine Leibeigenen … – vielleicht war es keine so dumme Idee von Sonam gewesen, ins Kloster zu gehen.

Dorjee wurde zunehmend unruhiger, als er das Haus des Arztes nicht finden konnte. Vater hatte ihm gesagt, dass es eine rote Fahne trüge so wie die Häuser aller Heiler. Er rannte die Straßen auf und ab. Doch die Häuser sahen für ihn alle gleich aus. Vater hatte ihm den Weg zwar genau beschrieben, doch offenbar hatte er irgendwo einen Fehler gemacht. Schließlich wurde seine Verzweiflung so groß, dass er zögerlich einen alten Mann ansprach und ihn nach dem Arzt fragte.

Der Alte sah ihn erstaunt an, lächelte und sagte in einem kaum verständlichen Dialekt: »Aber mein Sohn, du stehst doch direkt davor!« Dorjee verneigte sich nochmals und schämte sich. Da war ja auch die rote Fahne – wie hatte er sie nur übersehen können?

Er zögerte kurz und klopfte. Eine alte Frau, fast so alt wie *Mola,* öffnete und sah den Jungen aus trüben Augen an. Dorjee verbeugte sich, und die Frau fragte, ob er zum Ehrwürdigen Tenzin, dem Arzt, wolle. Dorjee nickte stumm.

»Warte hier«, sagte die Alte und verschwand in einem Nebenraum. Schon kurz darauf betrat der Arzt das Zimmer. Dorjee faltete die Hände vor der Brust und verneigte sich. Der Arzt nickte und fragte freundlich, was denn sein Anliegen sei. Dorjee stammelte hastig, dass seine kleine Schwester sehr krank sei. Der Ehrwürdige Tenzin nickte wieder und befragte ihn nach den Symptomen der Krankheit, wie lange sie schon krank sei und was bisher getan wurde.

»Gut, dass du gekommen bist«, sagte der Arzt. »Es ist wichtig, dass deine Schwester so schnell wie möglich Medizin bekommt. Dein Vater hätte dich schon viel eher schicken sollen.« Er zögerte ein wenig. »Die Medizin ist teuer – hast du denn Geld mitgebracht?«

Dorjee zog den Beutel hervor.

»Die Medizin kostet drei *Srung* …« Dorjee übergab dem Arzt den Beutel. Der öffnete ihn und leerte den Inhalt auf dem Tisch aus. Doch statt Münzen fielen nur eine kleine Buddha-Figur und ein paar Steinchen heraus. Der Arzt sah Dorjee streng an. »Was soll das bedeuten?«, fragte er.

Dorjee blieb stumm und starrte auf den Tisch.

»Wolltest du mich etwa betrügen?« Der Ehrwürdige Tenzin war sichtbar verärgert. Dass Dorjee beharrlich schwieg, verringerte seinen Ärger nicht, aber Dorjee brachte einfach keinen Ton heraus. Wie konnte das sein? Vater hatte doch gesagt, es sei genug Geld im Beutel. In ihm kämpften Scham, Ärger und Angst miteinander. Er wollte den Arzt bitten, ihm dennoch die Medizin zuzubereiten. Er würde wiederkommen und das Geld bringen, er würde alles tun … Doch seine Kehle war wie zugeschnürt.

»Raus mit dir, Bursche! Sofort!«, rief der Arzt wütend. Aber Dorjee konnte sich nicht bewegen, er war erstarrt wie eine erfrorene Ziege im Winter.

»Norga!«, befahl der Arzt, »Schaff mir diesen Jungen aus dem Haus!«

Die Alte erschien und schob Dorjee sanft, aber bestimmt zur Tür heraus. Da stand er nun, beschämt, verzweifelt und ohne die lebensrettende Medizin. Was sollte er nur tun? Schließlich wischte er sich die Tränen aus dem Gesicht und rannte los, so schnell er konnte. Er wagte gar nicht, daran zu denken, was nun mit Tashima geschehen würde. Wenn sie wirklich sterben sollte …

Vater wartete schon auf ihn und lief ihm entgegen, sobald er ihn sah. »Schnell, gib mir die Medizin! Tashima geht es schlecht.«

Dorjee versuchte, ihm zu erklären, was geschehen war. Jamyang Wangchuk wurde bleich. »Du hast das Geld verloren«, sagte er tonlos.

»Nein, Vater. Bestimmt nicht! Es waren nur Steine im Beutel!«

Sein Vater packte ihn fest am Arm, dass es wehtat. »Lüge mich nicht an, Sohn!«

Dorjee versuchte, sich loszureißen. »Ich lüge nicht!«, schrie er verzweifelt.

Der Vater schlug ihn mit der flachen Hand so hart ins Gesicht, dass er zu Boden fiel. Dann drehte er sich wortlos um und ging zurück zur Jurte.

Dorjee hatte das Gefühl, die Welt stünde still und er wäre ganz allein in diesem toten Universum. Noch nie hatte ihn sein Vater geschlagen. Er hatte keinen Vater mehr. Und keine Mutter. Und seine Schwester würde nun sterben. Dorjee wünschte sich, auch er wäre tot. Doch gleichzeitig stieg eine heiße Wut in ihm hoch. Er hatte nicht gelogen. Er hatte das Geld nicht verloren. Wie konnte Vater nur so ungerecht sein? Er hasste ihn.

Was sollte er nun tun? Er hatte keine Familie und kein Zuhause mehr. Aber er war doch zu jung, um alleine zu leben! Verzweifelt, voller Wut stand er da, wie erstarrt. Dann, plötzlich, erschien ein Gesicht vor seinem inneren Auge: Sonam. Sonam, sein Freund. Er hatte keine Idee, wie Sonam ihm helfen könnte, doch er war der einzige Mensch auf der Welt, den er noch hatte.

Dorjee riss sich aus seiner Erstarrung und rannte wieder los. Als er zum Fluss kam, etwa die Hälfte des Weges zu Sonam, sah er dort bereits seinen Freund sitzen – gerade so, als hätte Sonam auf ihn gewartet.

Sonam winkte, lächelte und rief: »Heiya, Dorjee!« Doch als Dorjee näher kam, erstarb sein Lächeln. Sonam merkte sofort, dass etwas Schlimmes passiert sein musste. Nur mit Mühe unterdrückte Dorjee seine Tränen – er wollte nicht, dass sein Freund ihn weinen sah. Hastig erzählte er, was geschehen war. Sonam sah ihn voller Mitgefühl an und legte seinen Arm um seine Schultern. Mit fester Stimme sagte er: »Komm mit mir, Dorjee. Zwar habe auch ich kein Geld, doch ich kenne einen heiligen Mann, einen Lama. Ich glaube, dass er deiner Schwester helfen kann.«

Zweifelnd sah Dorjee seinen Freund an.

»Er hat meine Tante von einer schweren Krankheit geheilt!«, versicherte ihm Sonam.

Dorjee zweifelte immer noch – doch einen anderen Ausweg wusste er nicht. Er musste alles probieren, wenn es Tashima retten konnte.

Und so liefen die beiden Jungen zu dem alten Lama. Der Lama war nicht nur alt, sondern uralt, wohl noch um einiges älter als *Mola*. Doch seine Augen strahlten wie die eines jungen Mannes. Dorjee und Sonam verbeugten sich tief. Der Lama machte nur eine kleine Geste mit seinem Finger, doch die beiden Jungen verstanden sofort: Er forderte sie auf, sich zu setzen. Zögernd ließen sie sich nieder. Dorjee konnte seinen Blick kaum von dem alten Mann abwenden. Ja, das musste wohl wirklich ein Heiliger sein! Er wagte nicht zu sprechen, doch Sonam kannte den Lama gut, und so schilderte er, was geschehen war. Der Lama schloss die Augen, während Sonam sprach, und Dorjee glaubte schon, der alte Mann sei eingeschlafen. Doch sobald Sonam zu Ende gesprochen hatte, öffnete er die Augen, faltete seine Hände und sprach ein Gebet, während er einen Pinsel zur Hand nahm und seltsame Zeichen auf einen kleinen Stoffstreifen schrieb. Dann sah er Dorjee an, und der Junge fühlte, dass der Lama direkt in seine Seele blickte.

»Alle Erscheinungen sind eine Illusion«, sprach der Lama leise. Seine Stimme klang überirdisch, wie aus weiter Ferne. »Das Rad des Lebens dreht sich – wir leben, sterben, werden wiedergeboren und leben aufs Neue. Deine Schwester wird noch nicht sterben. Sie wird ein langes Leben haben.« Er überreichte Dorjee den Stoffstreifen. »Lege dies auf ihre Stirn und vertraue auf den großen Herrn des Mitleids, den Ehrwürdigen

Bodhisattva Avalokiteshvara. Om mani padme hum …« Der alte Mann schloss wieder die Augen. Dorjee und Sonam erhoben und verneigten sich, dann rannten sie so schnell sie ihre Füße trugen Dorjees Zuhause entgegen. Sonam begleitete seinen Freund bis vor die Jurte, bevor er Dorjee noch einmal umarmte und ihm ins Ohr flüsterte: »Alles wird gut werden. Vertraue auf Buddha!«

Zögernd betrat Dorjee die Jurte. Sein Vater und seine *Mola* saßen an Tashimas Lager und kühlten ihre Stirn mit nassen Tüchern. Sein Vater sah nicht einmal auf, und erneut spürte Dorjee die Wut in sich aufsteigen. Mit zitternder Stimme sagte er: »Ein ehrwürdiger Lama hat mir einen Segen gegeben. Tashima wird gesund werden und ein langes Leben haben.« Er trat an Tashimas Lager und legte ihr den Stoffstreifen auf die Stirn. Sein Vater würdigte ihn keines Blickes.

Es sah nicht so aus, als hätte der Segen des Lamas irgendeine Wirkung. Tashimas Zustand verschlimmerte sich immer mehr. Am nächsten Tag, gegen Mittag, begann sie schwer zu atmen und sich zu übergeben. Große rote Flecken erschienen auf ihrem Körper.

»Wenn Tashima stirbt, bist du nicht mehr mein Sohn«, sagte sein Vater leise, ohne ihn anzusehen.

Doch Tashima starb nicht. Drei Tage fieberte sie noch, aber am vierten Tag ging das Fieber zurück und am fünften Tag lächelte sie wieder. Sein Vater sah Dorjee zwar nun wieder an, doch in seinen Augen war keine Liebe. Und er sprach auch nicht mehr mit ihm.

Am nächsten Tag erwachte Dorjee durch einen unterdrückten Schrei seines Vaters und glaubte schon, seine Schwester sei doch noch gestorben. Sie lag jedoch mit offenen, erstaunten Augen auf ihrem Lager und war offensichtlich vollkommen gesund. Sein Vater aber stand zitternd da, die Hände vor das Gesicht geschlagen. Tränen quollen zwischen den Fingern hervor. In der Hand hielt er einen Beutel, der aussah wie der, den er Dorjee mitgegeben hatte. Als er bemerkte, dass Dorjee wach war, kniete er vor ihm nieder und umarmte ihn so fest, dass es beinahe wehtat.

»Vergib mir, mein Sohn«, schluchzte er. Er hatte den Beutel gefunden, in dem das Geld war.

Dorjee fühlte sich, als wäre er neugeboren. Er hatte wieder einen Vater, der ihn liebte. Doch in seiner Seele blieb eine Narbe.

Dorjee lief zum Fluss, um Sonam zu treffen. Die beiden Jungen sprachen über ihre Zukunft, so wie es Jungen tun. Dorjee träumte davon, einmal die Berge zu überqueren, Abenteuer zu erleben und fremde Länder zu sehen – vielleicht sogar die Länder der rotgesichtigen Menschen, von denen er gehört hatte.

Sonam wollte Mönch werden. Er erzählte Dorjee Geschichten über Lamas und Buddha, über Bodhisattvas und die Wiedergeburt, über die Heiligen und Wundertäter, und Dorjee dachte, dass all dies vielleicht doch nicht so übel sei. Doch viel lieber wollte er Abenteuer erleben.

Sonam lachte. »Du willst ein Abenteuer erleben? Ich will den *Kundün*, den jungen Dalai Lama sehen – er ist genauso alt wie wir!«

Dorjee lachte ein wenig unsicher. »Ist das ein Abenteuer? Können wir das überhaupt, einfach losziehen und den Dalai Lama sehen?«

»Vielleicht, warum nicht? Er lebt in Lhasa. Das ist nur einen Tagesmarsch entfernt. Wollen wir zusammen gehen?«

Und so planten und träumten die beiden Freunde. Aber wie es mit dem Träumen und Plänen eben ist: Nur allzu oft kommt alles ganz anders.

Das Eins-Sein aller Dinge

Sonam Tsering bereitete sich auf den dritten Tag vor, an dem er versuchen würde, Dorjee auf seinem Weg durch den Bardo der Dharmata beizustehen, indem er ihm die Mahnungen, Warnungen, Visionen und Gebete des Bardo Thödol, die »Befreiung durch Hören im Zwischenzustand«, vorlas.

Der Rinpoche fragte sich, wie *Pema Jungne,* Padmasambhava, der Lotosgeborene, der den Buddhismus in Tibet begründet hatte, diese genauen Anweisungen niederlegen konnte. Das war etwas, das er immer bewundert hatte. Aber er konnte nicht anders, als sich an die Worte Dorjees, des Skeptikers und Spötters, zu erinnern: »Woher wusste *Pema Jungne* all das? Er war doch sicher so erleuchtet, dass er nicht durch all diese grauenvollen Illusionswelten musste, nicht wahr?«

Damals hatte Sonam nichts zu antworten gewusst und nur mit den Schultern gezuckt. Heute hätte er viele Antworten. Beispielsweise die, dass der Guru Rinpoche, *Pema Jungne,* in der Tat erleuchtet war – doch dass er sich nicht nur seiner letzten, sondern aller seiner Reinkarnationen bewusst war, auch jener, in denen er durch den Bardo der Dharmata zur Wiedergeburt musste.

Sonam Tsering lächelte. All die Logik, all die Weisheit und das Wissen in Worten ... sie waren nicht das Wesentliche. Das Wesentliche war weitaus eher das, was er gerade tat:

seinem Freund versuchen, auf einem schwierigen Weg beizustehen und mit ihm zu fühlen.

Der Rinpoche setzte sich im Sterbezimmer nieder, ließ seinen Geist ganz leer werden und füllte ihn mit Dorjee. Langsam kam er ein wenig aus seiner Versenkung und begann zu sprechen:

»Dorjee Wangchuk, höre gut zu, lass dich nicht zerstreuen! Trotz der Unterweisung ist es dir wohl nicht gelungen, deine Angst vor Vajrasattva zu überwinden. Diese Furcht vor dem Licht des Mitleids rührte aus Hass und Unwissenheit her, die es deinem Geist schwer machten, die Unterweisung zu verstehen. Heute ist der dritte Tag deiner Wanderung durch den Bardo der Dharmata, und aus deinem Geist wird dir eine weitere Erscheinung aufgehen – die Vision des Erhabenen Ratnasambhava. Das strahlende Licht des Eins-Seins aller Dinge geht von ihm aus – und auch vor diesem Licht wirst du wohl Furcht empfinden!

Das strahlende gelbe Licht hat die Macht, deine Seele von Stolz zu befreien – doch der Stolz und die Unreinheit in dir fürchten ihre Auslöschung. Dir wird neben dem strahlenden Licht auch noch ein strahlenloses Licht erscheinen; du wirst glauben, dass du dort eine menschliche Zuflucht findest. Doch höre, Dorjee: So sehr du auch das strahlende gelbe Licht fürchtest – erkenne es als das Licht der Urweisheit! Vertraue diesem Licht und gib dich ihm hin. Gelingt dir das, wirst du Befreiung erlangen. Wende dich von dem strahlenlosen, blauen, menschlichen Licht ab. Denn dies ist der Lichtpfad deiner Neigungen, die durch deinen Stolz entstanden. Geh diesen blauen Pfad nicht! Lass deinen Stolz los. Das Licht ist doch der Lichtstrahl des Mitleids des Erhabenen Ratnasambhava! Sprich zu dir: ›Zu Ihm nehme ich Zuflucht!‹ …«

Der Rinpoche machte eine kurze Pause und trank einen Schluck Buttertee, bevor er fortfuhr: *»Lässt deine Furcht nicht zu, dass du Einsicht erlangst, wende dich mit ganzem Herzen an den Erhabenen Ratnasambhava und sprich:*

> *›Nun, da ich durch meinen Stolz im Bardo umherirre, bitte ich dich, Erhabener Ratnasambhava, führe mich auf den klaren Weg der Urweisheit des Eins-Seins aller Erscheinungen.‹«*

Vision des Ratnasambhava

Dorjee hat dem rauchfarbenen Licht widerstanden – es schien angenehm, warm und wohlig, und wieder kommen ihm Zweifel, ob er richtig gehandelt hat. Doch die Worte seines Freundes hatten ihn innehalten lassen. *»Im rauchfarbenen, strahlenlosen Licht liegt der unselige Pfad deiner schlechten Taten …«*

Dorjee weiß, dass es richtig war, nicht diesem Pfad zu folgen; und doch: Er sehnt sich nach Ruhe – doch nicht nach der Ruhe der Auslöschung seines Ich! Das Nichtsein fürchtet er mehr als alles andere.

Wieder hat sich die Umgebung verändert. Sowohl das strahlende Licht als auch das rauchfarbene sind verschwunden. Dorjee steht in einer hügeligen Landschaft, die sich ins Unendliche erstreckt. Doch er erkennt, dass sein Geist das, was er sieht, nur als Landschaft begreift, weil in Wahrheit sich alles dem Begreifen entzieht. Die rätselhafte Landschaft bewegt sich in langsamen Wirbeln, wie ein Mandala. Dorjee vernimmt die Worte, die der Lama weit, weit weg im Land der Lebenden spricht. Es klingt, als würden die Hügel selbst raunen. Er hört die Mahnungen, die er nun schon so oft vernommen hat. Warum nur hat er sie bisher nie beherzigt? Diesmal will er stärker sein und nicht fliehen. Dorjee wappnet sich für das, was nun kommen wird. Ein gelbes Licht, hat der Lama gesagt, das Licht der Urweisheit von der Gleichheit aller Erscheinungen …

Indem Dorjee das denkt, steigt aus den Hügeln ein strahlend gelbes Licht auf und beginnt, alles mit Klarheit zu durchdringen – auch Dorjees Herz. Dorjee sieht, wie das Licht Form annimmt und zum Erhabenen Ratnasambhava wird. Aus dem Herzen des göttlichen Wesens brechen Lichtstrahlen hervor, die Dorjee treffen – und obgleich er sich fest vorgenommen hat, sich nicht zu fürchten, empfindet er doch wieder die namenlose Furcht vor dem Nichtsein. Und nun erkennt er auch das andere Licht, von dem der Lama gesprochen hat: Es ist blau und warm. Dorjee weiß, dass es ein Pfad ist, der zu Menschen führt. Er will nicht weiter in der Zwischenwelt sein, er sehnt sich nach Menschen. Der blaue Pfad wird ihn dorthin führen!

Und doch zögert er. Sein Freund, der Lama, hat ihn ausdrücklich gewarnt. Ja, er warnt ihn jetzt, in diesem Moment! Dorjee vernimmt seine Stimme. Und es gelingt ihm, sich von dem blauen Lichtpfad abzuwenden. Er spricht dem Lama nach:

»Erhabener Ratnasambhava, führe mich auf den klaren Weg der Urweisheit des Eins-Seins aller Erscheinungen.«

Doch er meint es nicht wirklich. Er will alles tun, will sich von den Göttern und vom Lama führen lassen – nur ganz aufgehen im Licht, das will Dorjee nicht.

Und so verharrt er innerhalb des Zwischenzustandes in

dem Zwischenzustand, der zwischen Hingabe und Flucht liegt. Und nach einer scheinbaren Ewigkeit schwinden ihm wieder die Sinne.

1947 – Der Leibeigene

Dorjee war nun schon zwölf Jahre alt und galt beinahe als Mann. Die Yaks hütete er mittlerweile oft ganz allein. Seit damals, als Tashima beinahe gestorben wäre, war sein Vater nie wieder ungerecht zu ihm. Im Gegenteil: Dorjee und sein Vater standen sich näher als je zuvor. Sonam hingegen sah er nur noch selten, denn er war mittlerweile ins Kloster gegangen, um Mönch zu werden. Dorjee vermisste ihn sehr und freute sich auf die seltenen Gelegenheiten, wo Sonam erlaubt wurde, seine Familie zu besuchen. Im Kloster musste Sonam hart arbeiten, doch er lernte auch viel: die Geheimnisse des tibetischen Buddhismus, die Rituale und Gebete, vor allem aber auch Lesen und Schreiben. Stolz hatte er Dorjee die Schriftzeichen erklärt und ihm angeboten, sie ihn zu lehren. Dorjee war immer schon sehr wissbegierig gewesen, und er hatte alles, was sein Freund ihm beibrachte, wie ein Schwamm aufgesaugt. Und bald schon beherrschte er die Kunst des Lesens und Schreibens besser als Sonam.

Auch über die tibetische Geschichte und den Buddhismus hatte er viel gelernt. Dorjee hungerte nach Wissen. Immer wieder dachte er darüber nach, ob er seinem Freund nicht ins Kloster folgen sollte. Er hatte mit Vater darüber gesprochen, der alles andere als erfreut über diese Idee war. Schließlich war erst der dritte Sohn für das Kloster bestimmt.

Doch dann geschah etwas, das Dorjees Leben grundlegend verändern sollte.

Es war Abend, und die Sonne war bereits hinter den Bergriesen verschwunden. Dorjee machte sich auf den Weg nach Hause. Plötzlich sah er eine Gestalt am Wegrand liegen. Ein junger Mann. Erst dachte Dorjee schon, dass er tot sei. Dann jedoch hörte er ein Stöhnen, und er lief rasch zu ihm. Der Mann sah zerschunden aus und war verletzt; seiner linken Hand fehlte der Daumen. Die Wunde musste bereits verheilt sein, denn Dorjee konnte kein Blut erkennen. Er kniete sich neben den Fremden und sprach ihn mit ruhiger Stimme an.

»Hilf mir, Junge! Gib mir Wasser«, flüsterte der Fremde mit rauer, brüchiger Stimme. Dorjee gab ihm seinen Wasserbeutel, suchte in seinem Sack und fand noch etwas *Tsampa*, das er dem Fremden gab, der dankbar nickte und den Getreidekloß hastig verzehrte. Nach kurzer Zeit hatte sich der Mann so weit erholt, dass er aufstehen konnte.

»Ich bin Dorjee, Sohn von Jamyang Wangchuk«, stellte sich Dorjee vor. »Du bist so schwach. Komm mit mir. Bei uns kannst du dich ausruhen und mit uns essen.«

Der Mann sah Dorjee lange an und Tränen traten in seine Augen. »Danke, möge Buddha dir ein glückliches Leben schenken! Ich heiße Tsering Wang Tuei und …« Er stockte und sprach nicht weiter. Dorjee drang nicht in ihn und führte ihn nach Hause.

Vater sah den Fremden erstaunt an. Es war selten, dass Fremde sich hierher verirrten. Doch wie es die Gastfreundschaft gebot, bat er Tsering, in die Jurte zu kommen und sich zu setzen. Der Fremde bedankte sich und aß, als hätte er lange nicht mehr gegessen. Nachdenklich betrachtete Jamyang Wangchuk Tserings verstümmelte Hand. »Wie ist dir das geschehen?«, fragte er.

Der Fremde zögerte, warf sich vor Jamyang auf den Boden und weinte. »Bitte hilf mir!«

Dann begann er zu erzählen: »Ich bin als Leibeigener des Fürsten Gonpo Doring geboren. Vor zwei Jahren verliebte ich mich in Tsondru; auch sie war Leibeigene, jedoch nicht des Fürsten, sondern des Shugseb-Klosters. Sie liebte mich auch, und wir wollten heiraten. Doch der Fürst und der Abt konnten sich nicht einigen – und man verbot uns die Heirat. Aber wie konnten wir das hinnehmen? Wir liebten uns! Also beschlossen wir, gemeinsam zu fliehen. Nach nur zwei Tagen wurden wir gefangen genommen. Tsondru wurde ausgepeitscht und mir wurde der Daumen herausgerissen.« Tsering hob seine linke Hand und krümmte sich bei der Erinnerung an die Tortur. Er atmete ein paarmal tief durch. Dann fuhr er fort: »Unsere Liebe war stärker als die Angst vor neuer, noch grausamerer Bestrafung. Wir beschlossen also, erneut die Flucht zu wagen. Tsondru aber kam nicht zum verabredeten Ort. Oh Buddha, sei ihr gnädig!« Er brach weinend zusammen.

Jamyang Wangchuk sah Tsering voller Mitleid an. »Buddha hat uns gelehrt, allen Lebewesen gegenüber Mitgefühl zu empfinden. Ich kann nicht sagen, ob du recht gehandelt hast oder nicht. Die Adligen, so hat es mich mein Großvater gelehrt, haben sich in früheren Leben hohe Verdienste erworben, und sie wurden daher über uns gestellt.« Er schwieg eine Weile und dachte nach, während ihn Tsering und auch Dorjee erwartungsvoll ansahen. »Du hast das Gastrecht. Heute Nacht wirst du bei uns bleiben. Morgen werden wir dir Wasser und *Tsampa* geben. Doch ich bitte dich, zieh morgen weiter. Ich kann meine Familie nicht gefährden.« Er sah Dorjee an, und Dorjee nickte. Ja, so war es richtig.

Tsering warf sich wieder zu Boden und bedankte sich. »Möge Buddha eure Güte vergelten!«

Sie aßen gemeinsam und tranken Buttertee, und Tsering erzählte von seinem Leben. Je mehr Dorjee hörte, desto größer wurde seine Wut. Ja, vielleicht hatten die Adligen ihre hohe Stellung in früheren Leben verdient; vielleicht hatten auch die Leibeigenen und Sklaven ihre niedere Stellung durch ihre Taten in früheren Leben verdient. Vater hatte das oft gesagt, und auch Sonam hatte versucht, Dorjee zu erklären, warum die Menschen so unterschiedlich gestellt waren. Dorjee hatte das jedoch nie ganz verstanden. Und nun schien ihm, dass das alles Unsinn war. Denn was war mit diesem Leben? Wenn jemand, der aufgrund seiner Güte und Weisheit in seinem vorausgegangen Leben mit einer hohen Stellung belohnt wurde, aber nun nicht seine Güte und Weisheit weitertrug, sondern grausam, ungerecht und hochmütig war – würde er dann im nächsten Leben wieder Sklave oder Tier sein müssen? So hatte es Sonam erklärt. Ja, das wäre gerecht. Aber welchen Sinn hätte dann die Wiedergeburt, wenn man nichts aus seinem früheren Leben lernte? Wenn alle Güte, alle Weisheit verloren ging? Er würde mit Sonam darüber sprechen müssen.

Dorjee erwachte früher als sonst. Vor der Jurte waren Stimmen und das Schnauben von Pferden zu hören. Vater war schon aufgestanden, und Tsering saß zusammengekrümmt, mit den Händen vor dem Gesicht, auf seiner Schlafstatt. Jamyang trat nach draußen, und Dorjee folgte ihm. Vor der Jurte waren drei Männer auf Pferden, in der Kleidung der Wache des Fürsten, angekommen. Sie stiegen ab, und der Anführer trat zu Jamyang und sah ihn verächtlich an. »Hast du einen Mann gesehen, dem an der linken Hand der Daumen fehlt?«, fragte er ohne die übliche Begrüßung und ohne sich vorzustellen.

Vater neigte den Kopf. »Ja, Edler Herr, gestern sah ich einen Mann, auf den Eure Beschreibung zutrifft.«

»Wo?«

Jamyang zögerte einen Moment. »Dort unten, am Fluss«, sagte er dann.

»Hast du mit ihm gesprochen?«

»Ich habe ihn begrüßt und ihm ein wenig zu essen angeboten, wie es Brauch ist.«

»Ist es Brauch, entflohenen Leibeigenen zu helfen? Dieser Kerl gehört dem Fürsten, und er ist entflohen. Er muss bestraft werden. Und jeder, der ihm hilft, ebenso.«

Vater neigte erneut den Kopf. »Ja, Herr.«

»Wenn du ihm noch mal begegnen solltest, halte ihn fest und melde es. Hast du das verstanden, Bursche?«

Er nickte seinen Begleitern zu, und sie schwangen sich wieder auf ihre Pferde. Dorjee und Jamyang sahen ihnen nach. Die Wachen ritten langsam und sprachen leise miteinander. Dann wendeten sie ihre Pferde und kamen zurück.

»Wie heißt du?«, fragte der Anführer.

»Jamyang Wangchuk.«

»Nun, Jamyang Wangchuk, möchtest du uns nicht Tee anbieten?«

Vater wurde bleich. Ohne eine Antwort abzuwarten, zog die Wache das Schwert und trat in die Jurte. Sie zerrten Tsering heraus und banden ihm einen Strick um den Hals.

»Jamyang Wangchuk, du hast dich schuldig gemacht und einen Leibeigenen des Fürsten versteckt. Du musst mit uns kommen.«

Resigniert senkte Jamyang den Kopf. »Edler Herr, ich habe eine alte Mutter und eine kleine Tochter. Meine Frau ist gestorben …«

»Schweig!«, fuhr ihm der Anführer ins Wort. »Dieser Bursche da«, er wies auf Dorjee, »der soll sich um die beiden kümmern. Danke Buddha, dass wir deinen Sohn nicht auch mitnehmen!«

»Aber wer soll sich dann um meine Herde kümmern?«, rief Jamyang verzweifelt.

»Das ist uns einerlei. Der Fürst wird entscheiden, was mit dir geschehen soll.«

Während die Wachen mit ihren Gefangenen davonritten, stand Dorjee wie versteinert da. Er wollte Vater zu Hilfe kommen, sich auf die Wachen stürzen und … Und dann? Was konnte er schon gegen drei bewaffnete Männer ausrichten?

»Dorjee, sei stark!«, rief ihm sein Vater noch zu. »Der Fürst wird bestimmt gnädig sein, und ich komme bald zurück!«

Einer der Wachen schlug ihn mit seiner Peitsche. Dorjee trat einen Schritt auf sie zu, doch ihm wurde bewusst, dass er alles nur schlimmer machen würde. Er musste mit Sonam sprechen. Möglicherweise wusste sein Freund einen Rat. Vielleicht konnte er als Mönch den Fürsten um Gnade anflehen oder einen Lama bitten, ein gutes Wort einzulegen.

Als Dorjee am Kloster ankam, wurde er von einem Mönch freundlich, aber bestimmt abgewiesen. »Nein, Junge, das geht nicht. Unsere Novizen müssen sich auf ihre Arbeit und auf das Lernen konzentrieren. Du kannst Sonam Tsering jetzt nicht sehen. Komm morgen bei Sonnenaufgang noch einmal. Vielleicht kannst du ihn dann kurz sprechen.«

Dorjee verstand. Niemand konnte ihm helfen. Er würde selbst zum Fürsten gehen müssen.

Vor dem Sitz des Fürsten wurde er von einer Wache aufgehalten und gefragt, was er wolle. Zitternd erklärte Dorjee, dass sein Vater gefangen genommen wurde und er den Fürsten um Gnade bitten wollte.

»Nein, mein Junge«, sagte der Wächter mitleidig. »Das geht nicht. Du kannst nicht einfach zum Fürsten. Das gehört sich nicht. Doch ich kann dich zu deinem Vater führen.«

Dorjee verneigte sich tief. »Gelobt sei Buddha, Edler Herr«, stammelte er.

Als ihn der Wächter ins Verließ führte und freundlich mit ihm sprach, schöpfte Dorjee ein wenig Hoffnung. Doch als er dann seinen Vater und Tsering sah, verließ ihn jeglicher Mut. Vater war offenbar geschlagen worden. Seine Lippe war blutig und sein rechtes Auge war blau und geschwollen. Tsering war noch schlimmer dran. Er war mit einer Kette an die Wand gefesselt, trug einen Verband um den Kopf und hockte zusammengekrümmt und stöhnend in einer Ecke.

Als Vater ihn sah, rief er: »Dorjee! Du hast hier nichts zu suchen. Lauf zurück und kümmere dich um Großmutter und Tashima. Ich komme morgen nach Hause.«

Ein anderer Wärter kam und sah Dorjee an. »Was machst du hier, Junge?«, fragte er. »Ist das dein Vater?« Als Dorjee nickte, sagte er: »Nun, du kannst ihn mitnehmen. Der Fürst war gnädig, Buddha zu Ehren.«

Dorjee musste seinen Vater stützen. Langsam schleppten sie sich nach Hause. Vater sprach kein Wort, und als Dorjee Fragen stellte, schüttelte er nur den Kopf.

Spät am Abend erst begann er zu erzählen. »Ja, der Fürst war gnädig«, sagte er bitter. »Er hat als Strafe nur die Hälfte unserer Herde festgesetzt.«

Entsetzt sah Dorjee ihn an. »Die Hälfte unserer Herde?«

Doch als Vater erzählte, wie es Tsering ergangen war, kam Dorjee der Verlust ihrer wertvollen Yaks nicht mehr so schlimm vor.

Kaum dass Tsering und Jamyang in den Kerker geworfen wurden, wurden sie von den Wachen, die sie verschleppt hatten, geschlagen und getreten. Kurz darauf kam der Fürst, zusammen mit einem Lama des Klosters – da Tsering mit einer Leibeigenen des Klosters fliehen wollte, hatte das Kloster ein Recht, über die Bestrafung mitzubestimmen. Tsondru war bereits bestraft worden, doch was sollte nun mit Tsering geschehen? Der Fürst wollte ihn hinrichten, doch der Lama war dagegen: Buddha hatte das Töten verboten! Aber ja, natürlich musste der Übeltäter bestraft werden – auch das war richtig. Schließlich hatte das Karma den Fürsten und die hochrangigen Mönche über das gemeine Volk gestellt, damit das Recht gewahrt bliebe. Und da Tsering nun bereits zum zweiten Mal geflohen war, musste die Strafe hart sein. Nach kurzer Beratung entschieden Fürst und Lama, dass dem Gefangenen die Augen herausgerissen werden sollten. Bald nach dem Richtspruch kam der Kerkerwächter mit einem gebogenen, glühenden Stab und vollzog das Urteil. Vater liefen die Tränen herab, während er all dies erzählte. Dorjee wurde übel, und er stürzte aus der Jurte und übergab sich.

Er schwor sich, den Fürsten zu töten, wenn er älter war. Er dachte an Sonam: Er war Mönch in dem Kloster, dessen Lama gemeinsam mit dem Fürsten diese grausame

Tat begangen hatte. Wollte Sonam nicht auch ein Lama werden?

Nie wieder hegte Dorjee den Wunsch, seinem Freund ins Kloster zu folgen.

Die Urweisheit der Unterscheidung

Der Kaufmann Dorjee Wangchuk war nun schon ein paar Tage tot, und Sonam Tsering spürte die Ungeduld der alten Frau, Dorjees jüngerer Schwester Tashima. Er verstand, dass sie nicht begreifen konnte, was er, der Rinpoche, hier trieb. Sie bezeugte ihm großen Respekt und glaubte wohl auch, dass er ein weiser Mann sei, worüber Sonam Tsering lächelte. Sie würde gewiss alles tun, was er anordnete. Viel war das nicht. Sie und die anderen Verwandte sollten Gebete für den Toten sprechen und ein paar einfache Rituale durchführen, bevor der Leichnam Dorjees endlich zur Himmelsbestattung getragen würde. Ein Neffe, der seinen Onkel zu Lebzeiten nie gesehen hatte, würde die Leiche tragen. Der Tote wurde zusammengebunden und in den weißen *Pulu* gehüllt. Trugpa, der Neffe, trug seinen Onkel im Trauerzug zum Bestattungsort. Der Bestattungsmeister und der Lama sprachen Gebete, bevor der Bestattungsmeister begann, den Leichnam zu zerteilen. Zunächst schnitt er den Bauch auf und entnahm die Eingeweide, dann zerschnitt er das Fleisch und schließlich zerschlug er die Knochen mit einem Stein und vermischte all das mit *Zamba*, Gerstenmehl. Nun wurden die Zypressenzweige angezündet, um den »Adlern der Götter«, den Geiern, das Signal zu geben, sich an dem Toten zu laben.

Der Lama war sich wohl bewusst, dass diese Rituale dem Trost der Lebenden dienen sollten und dass es hier eigentlich kaum eines Trostes bedurfte. Er seufzte. Ja, die Wahrheit war, dass ein hochbetagter Mann wie er, Sonam, sich selbst nach den alten Traditionen sehnte. Noch zehn Tage würde Dorjee durch den Bardo der Dharmata irren müssen, bevor er im Bardo des Werdens noch eine letzte Möglichkeit zur Befreiung erhalten würde. Und ergriff er auch diese Chance nicht, musste er wiedergeboren werden. Wahrscheinlich war das sogar sein Wunsch. Nach diesen zehn Tagen würde der Lama ins Kloster zurückkehren.

Auf jeden Fall war er entschlossen, seinen Freund zu begleiten, und daher las er nun auch am vierten Tag die »Befreiung durch Hören im Zwischenzustand«.

»Dorjee Wangchuk, höre gut zu und lass dich nicht ablenken! Es ist dir trotz der genauen Weisungen bisher nicht gelungen, dich aus dem Bardo der Dharmata zu lösen. Deine Angst vor Ratnasambhava und seinem strahlenden Licht der Urweisheit hat deinen Geist davon abgehalten, die Unterweisung zu verstehen. Heute ist der vierte Tag deiner Wanderung durch den Bardo der Dharmata. Deinem Geist wird nun eine weitere Erscheinung aufgehen – die Vision des Erhabenen Amithaba, der Urweisheit der Unterscheidung. Vor diesem rot strahlenden Licht wirst du erneut Furcht empfinden. Und dann wird dir wieder ein strahlenloses Licht erscheinen, zu dem du dich hingezogen fühlst. Du wirst ein großes Verlangen danach spüren, denn dieses Licht ist der Pfad deiner Begierden, es ist das gelbe Licht der Hungergeister.

Höre, Dorjee, es ist sehr wichtig: Auch wenn du das strahlende Licht fürchtest – erkenne es als das Licht der Urweisheit! Vertraue diesem Licht und gib dich ihm hin. Gelingt dir das, wirst du Befreiung erlangen. Auf keinen Fall aber suche Zuflucht im trüben Licht. Es ist der Pfad, der zu den Hungergeistern führt – gehst du diesen Weg, erwarten dich unfassbares Leid, Hunger und Durst. Halte dich unbedingt davon fern! Lass dich nicht von deinen Begierden verleiten! Sprich: ›Zu Ihm, dem Erhabenen Amithaba, nehme ich Zuflucht!‹ …«

Ob Dorjee ihn hören würde? Ob er verstünde? Ob er wirklich seine Angst, die ihm die Projektionen seiner Wut, seines Hasses, seines Stolzes, seiner schlechten Taten vor Augen führte, überwinden könnte? Der Rinpoche war sich sicher, dass zumindest die Möglichkeit bestand. Das war es, was das Bardo Thödol so wunderbar trostvoll machte: die Bestätigung, dass in jedem Augenblick die Befreiung möglich sei – wenn man nur sein Ich loslassen könnte und Zuflucht zum Mitleid Buddhas nähme. Doch in seinen achtzig Jahren in diesem Leben, einem Leben als Hirtenjunge, als Novize, als Geächteter, als Gefangener, als Zwangsarbeiter, als Mönch, schließlich als Abt, wusste der Lama auch, was das Bardo Thödol nicht sagte: Dieses Loslassen war schwer, für einen Weltmenschen vielleicht das Schwerste überhaupt. Und so wusste Sonam Tsering sehr wohl, dass sein Freund es vielleicht versuchte, aber nicht loslassen konnte. Und gerade deshalb musste er ihn wieder und wieder belehren, musste im Geiste bei ihm bleiben, musste ihn begleiten – und sei es bis zu seiner Wiedergeburt.

»Lässt deine Furcht nicht zu, dass du Einsicht erlangst, wende dich mit ganzem Herzen an den Amithaba und sprich:

> *›Nun, da ich durch meinen Stolz im Bardo umherirre, bitte ich dich, Amithaba, Herr des Mitgefühls, göttliche Mutter Pandaravasini, führt mich auf den klaren Weg der Urweisheit.‹«*

Vision des Amithaba

Als Dorjee wieder zu Sinnen kommt, ist sein erster Gedanke, einen Fehler gemacht zu haben. Die Vorstellung, dass er wieder und wieder diese Angst erleben muss, dass sich ihm eine verheißungsvolle Zuflucht bietet, die aber möglicherweise noch größere Schrecken birgt? Aber dieser blaue, warme Pfad zu einer Menschenwelt: Wäre es nicht vielleicht doch gut gewesen, ihm zu folgen? Nun ist es zu spät. Und das Raunen der Stimme des Lama, die von überall und nirgends kommt, bereitet ihn auf neue Schrecken vor. Zum ersten Mal kommt Dorjee der Gedanke, dass er seinem Freund wirklich ganz und gar vertrauen sollte. Dass die große Befreiung der Ausweg ist. Dass er Zuflucht zu Buddha nimmt, sein Ich aufgibt … Doch an dieser Stelle kann er nicht weiterdenken. Was kann schlimmer sein, als sich selbst aufzugeben?

Die Landschaft ist in ein rötliches Licht getaucht, ein roter Stern strahlt am Himmel – Vulkane speien Feuerfontänen … Doch all das macht Dorjee keine Angst. Es ist ihm nicht heiß, das Feuer verbrennt ihn nicht und bereitet ihm keine Schmerzen. Was ihm Angst bereitet ist das, was nun wohl kommen mag. »*… Deinem Geist wird nun eine weitere Erscheinung aufgehen – die Vision des Erhabenen Amithaba … Vor diesem rot strahlenden Licht wirst du erneut Furcht empfinden!*« Dorjee vernimmt die Worte des Lama, und für einen Augenblick verspürt er Wut auf seinen alten Freund. Indem Sonam ihm sagte, er werde Angst empfinden, empfand er tatsächlich Angst. Das Gefühl weicht sogleich einem anderen: Scham. Nein, alles, was ihm in der Zwischenwelt geschieht, kommt aus ihm selbst, sind die Projektionen seiner Taten und Gedanken. Dorjee weiß das, doch er kann es nicht fühlen – alles scheint so wirklich. Und er kommt nicht auf den Gedanken, dass genau dort das Problem liegt.

Auf einmal scheinen alle Vulkane gleichzeitig auszubrechen, und der rote Stern stürzt auf die Erde … es ist wie ein gewaltiges Mandala. Und aus der Mitte dieses Mandala erwachsen göttliche Gestalten: der Erhabene Amithaba und Pandaravasini, die Bodhisattvas Avalokiteshvara, Manjushri, Gita und Aloka. Wie die vorausgegangenen Erscheinungen sind auch sie unermesslich groß, unbeweglich und dennoch in unendlicher Bewegung in einem unfassbaren Mandala des Universums.

Amithaba streckt Dorjee seine Hand entgegen, der Erhabene Herr des Mitgefühls und seine Gefährtin, die göttliche Mutter Pandaravasini, sehen Dorjee voller Liebe an, sodass sich Dorjee nach ihnen sehnt. Das strahlende rote Licht jedoch, das aus ihren Herzen direkt in Dorjees Herz trifft, lässt seine Angst sogleich wieder aufwallen. Er versucht, sich an das Mantra zu erinnern. *»Dies ist das Licht des Mitgefühls des Erhabenen Amithaba – in ihm werde ich Zuflucht nehmen.«* Er wiederholt und wiederholt es. Doch das rot strahlende Licht des Mitgefühls aus den Herzen der göttlichen Manifestationen brennt sich durch das Herz Dorjees und legt seine Angst frei. Alles in ihm verlangt nach Flucht, doch die Warnung des Lama lässt ihn erstarren. Dort, auf dem gelben Lichtpfad, der so verheißungsvoll aussieht, liegt das Grauen der Hungergeister! Ach, wäre er doch dem blauen Pfad der Menschenwelt gefolgt, so leidvoll er auch sein mochte.

Er widersteht der Versuchung. Und wieder betet er zu Amithaba und der göttlichen Mutter Pandaravasini, und wieder sind seine Gebete leer …

Dorjee fühlte sich nun allmählich als Mann. Ein zarter Flaum spross auf seiner Oberlippe, die erste Ahnung eines Bartes. Er begann, das Weibliche zu verehren – ohne recht zu wissen, was es war, das ihn die Nächte unruhig schlafen ließ.

Mit seinem Vater verstand er sich immer besser. Manchmal sprachen sie den ganzen Abend, bis sie einschliefen. Und auch wenn Dorjee und Jamyang nicht immer einer Meinung waren, so waren sie doch oft eines Geistes. Beide Männer, der ganz junge und der nicht mehr ganz junge, hatten nur einander. Die *Mola*, Jamyangs Mutter, war letzten Winter gestorben. Bald darauf hatte Jamyang eingesehen, dass er sich nicht einmal mit Dorjees Hilfe um das kleine Mädchen und die Herde kümmern konnte, ohne eines oder beide zu vernachlässigen. Und so war Tashima zu ihrem und Dorjees Bruder Jamtsho gekommen, der mittlerweile selbst Vater eines Sohnes geworden war. Dorjee war jetzt Onkel des kleinen Sangpo! Jamtsho hatte Tashima nur allzugern bei sich aufgenommen und Vater und Dorjee gebeten, doch ebenfalls zu ihm zu ziehen. Doch Vater hatte es abgelehnt. Er wusste wohl selbst nicht recht, warum. Es würde vieles einfacher machen, und er wäre bei seiner kleinen Tochter. Vielleicht war ihm sein Leben als freier Hirte doch wichtiger als vieles andere. Möglich, dass er in ein paar Jahren zu seinem großen Sohn ziehen würde oder zu Dorjee …

Dorjee arbeitete hart, doch das Leben war gut so, wie es war. Er träumte von Abenteuern und von Mädchen, doch diese Träume waren angenehm und kamen seinen Pflichten als Hirte nicht in den Weg. Manchmal durfte Sonam zu Besuch kommen. Das waren Feiertage für Dorjee, vermisste er seinen Freund doch sehr.

Die Freunde trafen sich, wie meist, am Fluss. Doch diesmal war Sonam nicht allein. Er hatte ein Mädchen mitgebracht! Zuerst war Dorjee darüber alles andere als erfreut. Viel lieber wäre er mit seinem Freund allein gewesen. Wenn sie zusammen waren, sprachen sie vollkommen frei und offen über alles, was ihre Seelen bewegte. Die Gespräche mit Sonam weckten merkwürdigerweise auch seine Abenteuerlust: Denn Sonam lebte nun als Mönch auch in einer anderen Welt als der, die Dorjee kannte. Ja, sein Leben als Hirte war gut. Doch es regte sich eine Sehnsucht in seinem Herzen, die ein ständiger bittersüßer Schmerz war. Dann gab es Augenblicke, in denen er kurz überlegte, dass ein Leben als Mönch, wie Sonam es führte, seine Vorteile hatte. Doch dann erinnerte er sich an Tsering, den Leibeigenen, der von einem Lama grausam bestraft worden war. Dorjee verspürte Abscheu vor allen Mächtigen. Doch da war noch etwas, etwas, nach dem er sich sehnte. Er dachte, es sei die Ferne und das Abenteuer. Und vielleicht war es auch ein wenig von beidem. Doch ein Teil dessen, wonach sich sein Herz sehnte, stand nun mit glänzenden großen Augen vor ihm.

Lhamo war die Enkelin von Sonams Großtante. Ihre Eltern waren krank, und so lebte sie nun vorerst bei Sonam Tserings Familie. Noch nie hatte Dorjee ein fremdes Mädchen kennengelernt. Er blickte in Lhamos große Augen und vergaß alles um ihn herum. In seiner Magengrube schien eine ganze Familie *Pikas* zu tanzen. Dorjee hatte sich auf den ersten Blick verliebt.

Der Tag verging wie im Flug. Dorjee war sich seines Freundes kaum mehr bewusst. Er lachte laut und erzählte von den

Abenteuern, die er einst erleben würde, wie er einmal bedeutend und reich sein würde – und seine Erzählkunst, seine Begeisterung und Fröhlichkeit ließen die kleinen Grübchen auf Lhamos Wangen tiefer werden, wenn sie lächelte.

Während sein Mund weiterredete, dachte ein Teil von ihm: *Reich, berühmt und bedeutend als Hirte?* In diesem Augenblick ward die Idee geboren, dass er Kaufmann werden wollte.

Am folgenden Tag trafen sich die drei wieder. Und wieder hatte Dorjee nur Augen für Lhamo. Als Sonam sagte, dass er am nächsten Tag schon zurück ins Kloster müsse, war Dorjees erstes Gefühl Freude. Dann hätte er Lhamo für sich allein! Gleich darauf schämte er sich für diese Gedanken. Er umarmte Sonam besonders herzlich zum Abschied. Aber er hatte die bange Frage, ob er wohl Lhamo auch ohne Sonam sehen durfte.

Dorjee und Lhamo trafen sich fast jeden Tag. Zuerst war das für Dorjee, als hätte er die Region der Himmlischen betreten, und er ging wie auf Wolken. Doch mit jedem Tag sanken diese Wolken der Erde entgegen.

Lhamo erzählte Dorjee vertrauensvoll, dass sie Sonam schon seit Jahren verehrte und bewunderte. Wäre er nicht Mönch geworden, hätten sie wohl geheiratet. Nun würde auch sie in ein Kloster gehen und lernen, Sonam nur als Bruder zu sehen. »Nie werde ich einen anderen lieben können«, schluchzte sie und weinte sich an Dorjees Schulter aus. Auch Dorjee stiegen die Tränen in die Augen. Lhamo hielt sie für Tränen des Mitgefühls. Dorjee aber wusste, dass es Eifersucht und Hoffnungslosigkeit waren, die ihn elend fühlen und die Augen feucht werden ließen.

Von diesem Tag an sah Dorjee Lhamo nur noch selten, und ihre Begegnungen waren kurz. Trotzdem träumte Dorjee jede Nacht davon, Lhamo doch noch zu gewinnen, und tagsüber grübelte er darüber nach, wie er die Liebe zwischen Sonam und Lhamo zerstören könne.

Lhamo saß unten am Fluss und sang ein altes Hirtenlied, *Gyanah ribu zena,* das von den Bergen und wilden Flüssen handelte. »Heiya Dorjee!«, rief sie, als er sich näherte.

»Heiya, Lhamo!«, rief er zurück und versuchte, fröhlich und unbeschwert zu klingen.

Sie setzten sich ans Ufer, und sie erzählte, dass Sonam ihr eine Botschaft geschickt habe. Sie verbarg das Gesicht in den Händen. »Und er hat geschrieben, wie er sich freuen würde, wenn du und ich, wenn wir …« Sie versuchte sichtlich, die Tränen zurückzuhalten. »Er würde sich so freuen, weil ihr dann verwandt wärt, fast Brüder. Aber Dorjee, du weißt, ich habe dich gern, doch wir können niemals Mann und Frau sein, da ich Sonam liebe. Für immer.« Sie sprang auf und lief davon.

Dorjee war wie vom Donner gerührt. Sonam wünschte sich, dass er und Lhamo … Er schämte sich seiner Eifersucht zutiefst.

Und doch ließ sie sich in einer dunklen Ecke seines Herzens nieder und begleitete ihn viele Jahre lang.

Die Vollendung im Tun

Der Lama erwachte aus einem tiefen Traum. Er brauchte einige Minuten, bis er aus dem Traum-Bardo wieder ganz zum Bardo des Wachbewusstseins gewechselt hatte. Je wacher er wurde, desto mehr verblassten die Bilder aus der anderen Welt. Sonam versuchte, sie festzuhalten. Er war im Traum wieder ein Jüngling gewesen, im Kloster … plötzlich war er nackt und floh ins Gebirge. Aus einer Höhle traten seine Mutter, sein Vater und der Abt, Arm in Arm, und sahen ihn streng an. Wieder floh er, bis er am Rande eines tiefen Abgrundes stand. *Ohne Kleidung muss ich leicht wie ein Vogel sein,* dachte er. Und mit einem Mal begann er zu schweben, und ein unaussprechliches Glücksgefühl durchströmte ihn.

Dann war er erwacht. Was hatte der Traum zu bedeuten? Sonam glaubte, dass Träume wichtig waren. Sein früherer Abt hatte ihm einmal erklärt, dass wir in Träumen vom Bardo des Wachbewusstseins in den Bardo des Traumes wechseln. Das Leben, das Sterben, das Träumen – all diese Zustände waren doch nur Ausprägungen der Großen Illusion. Sie alle waren *Bardos,* Zwischenzustände im ewigen Kreislauf des Seins. Sein Meister hatte ihn auch *Milam,* das Traum-Yoga, gelehrt. Sonam hatte lange gebraucht, um im Traumzustand sein Bewusstsein zu bewahren. Diese geistige Klarheit würde es ihm, wenn er einmal sterben würde, ermöglichen, sein Bewusstsein aufrechtzuerhalten und das reine Urlicht zu erkennen.

Der Lama dachte an Dorjee, der nun schon den fünften Tag der friedvollen Mächte im Zwischenzustand erleben musste. Dorjee hatte nie wirklich gelernt zu meditieren, geschweige denn, dass er die schwierigen Techniken des *Milam* je erlernt hätte. Er hatte sich schon immer zu leicht ablenken lassen.

Sonam lächelte. Als es ihm damals schließlich immer häufiger gelungen war, im Traum-Bardo das Bewusstsein aufrechtzuerhalten und das Traumgeschehen mit seinem Geist zu formen, hatte er sich seinen Meditationsübungen kaum noch gewidmet. Vielmehr hatte er es im Traum genossen, wie ein Vogel über die Berge zu gleiten, sich in tiefe Schluchten zu stürzen und dann wieder steil aufzusteigen. Eine Zeit lang hatte er sich so sehr nach der Traumwelt gesehnt, dass er lieber träumte als wach war. Mit zunehmender Übung in der Meditation war diese Neigung von selbst wieder verschwunden.

Jahre später hatte ihm der Abt gestanden, dass er selbst als junger Mann im Traum-Bardo ebenfalls seinen Begierden gefolgt und die Traumwelt mit wunderschönen Frauen bevölkert hatte. Sie hatten beide herzlich gelacht.

In dem Traum der letzten Nacht war er jedoch nicht bei Bewusstsein gewesen. Er war von den Ereignissen im Traum-Bardo, Projektionen seines eigenen Geistes, getrieben worden – so wie Dorjee nun im Bardo der Dharmata von den Projektionen seines eigenen Geistes getrieben wurde … Es war Zeit, mit der Lesung fortzufahren.

»Dorjee Wangchuk, du irrst wohl noch im Bardo der Dharmata umher, da du selbst vor dem strahlenden Licht des Mitleids Amithabas Furcht empfunden und nicht Zuflucht zu dem Herrn des Mitgefühls genommen hast. Deine Angst hat dir die Einsicht verwirrt. Nun bricht der fünfte Tag deiner Wanderung durch den Bardo an. Es wird dir der Erhabene Amoghasiddhi erscheinen, die Urweisheit des vollendeten Wirkens. Sein strahlendes, funkelndes grünes Licht aus den Herzen der Erhabenen trifft dein Herz. Es ist die tiefe Kraft der Einsicht deines eigenen Geistes, die sich als dieses Strahlen zeigt. Lass dich nicht von deiner Angst beherrschen, nimm Zuflucht zu Amoghasiddhi. Hüte dich aber unbedingt vor dem roten Licht, das dir gleichzeitig erscheint: Dies ist das rote, trübe Licht der Asuras, der streitbaren Götter, der Lichtpfad deines Neides. Verweile in Gleichmut, begehre nicht das eine noch das andere, weise nicht zurück, fürchte dich nicht. Betrachte alles

Wollen, alle Ablehnung gleichmütig. Da es der Neid in dir nicht zulässt, dass du dich dem strahlend grünen Licht der Urweisheit hingibst, wirst du fliehen wollen. Fliehe nicht zu dem roten Licht der Asuras, wo dich nur Kampf und Streit erwarten. Kannst du dich nicht Amoghasiddhi hingeben, so fliehe auch nicht, sondern verharre in gleichmütiger Betrachtung …«

Vision des Amoghasiddhi

Diesmal bereut es Dorjee nicht, dem einladenden Licht widerstanden und die Welt der Hungergeister gemieden zu haben. Vielleicht ist das ja der Weg, wie er auch weiterhin mit den Visionen umgehen sollte: sich den guten, wenn auch Furcht einflößenden Strahlen der mitleidvollen Mächte, die ihn von seinem Ich befreien würden, zu entziehen – andererseits aber auch nicht den Pfaden zu folgen, die ihn zwar reizen, aber Unheil verheißen.

Er weiß nicht, wie viele dieser Visionen ihm noch bevorstehen, doch vielleicht muss er einfach nur durchhalten. Einerseits sein Ich nicht verlieren, andererseits auch die unheilvollen Pfade meiden – so lange, bis er schließlich nach neunundvierzig Tagen unweigerlich wiedergeboren würde. Einfach verharren und weder der Furcht noch der Begierde nachgeben. Dorjee ist sich nicht sicher, ob ihm das gelingen kann. Was ist, wenn die Schrecken noch schrecklicher und die Verlockungen noch verlockender werden?

Im Moment schwebt er in einem Raum, der ganz aus Licht besteht. Doch seltsamerweise ist da nichts, was das Licht spendet. Der Raum selbst ist reines Licht. Dorjee ahnt, dass er nun bald wieder einer Vision gegenübersteht. Des Lamas Worte klingen aus dem Licht. »*Es wird dir der Erhabene Amoghasiddhi erscheinen, die Urweisheit des vollendeten Wirkens. … Fürchte dich nicht, sondern nimm Zuflucht zum strahlend grünen Licht des Amoghasiddhi …*«

Dorjee weiß, dass er dem Lama folgen sollte, doch mittlerweile weiß er auch, dass ihm dies nicht gelingen wird. Beim Gedanken daran, sein Selbst loszulassen, sträubt sich alles in ihm. Nein, das kann er nicht!

Aber ein anderer Teil von ihm hat doch die Hoffnung nicht ganz aufgegeben. *Vielleicht gelingt mir die Befreiung, wer weiß?* Ein dritter Teil sagt: *Halte nur durch und du wirst wiedergeboren. Du gehst nicht verloren und wirst ein neues, besseres Leben leben!*

So schwebt Dorjee innerhalb des Bardo zwischen dem vergangenen Leben und der Wiedergeburt in seinem eigenen Zwischenzustand und ist verwirrt.

Das undefinierbare Licht um ihn herum wird immer mächtiger und strahlender. Vor ihm entsteht eine lichte, durchscheinende Landschaft – Hügel, Berge, Gras, Bäume und Flüsse aus grünem Licht. Die Luft formt die Dinge, wie aus belebtem Wind. Das Licht strahlt immer kraftvoller, und aus gewaltigen Wirbeln von Luft und Licht erheben sich der Erhabene Amoghasiddhi und seine Begleiter.

Dorjee versucht, das Gefühl wiederzufinden, das ihn davon abgehalten hat, der Verlockung des Pfades der Hungergeister zu widerstehen. Auch diese Vision wird ihm Furcht einflößen, das weiß er wohl auch ohne die Worte des Lama. Das strahlende grüne Licht durchdringt sein Herz, verspricht ihm Befreiung, wenn er doch nur sein Ich aufgeben könnte! Er empfindet große Furcht und will fliehen, ganz wie es der Lama gesagt hat. Es zieht ihn hin zu dem roten Licht. Doch auch hier wird ihm rechtzeitig die Warnung des Lama bewusst: »*Fliehe nicht zu dem roten Licht der Asuras, wo dich nur Kampf und Streit erwarten.*«

Nein, er will nicht zu den Asuras. Obwohl – im Vergleich zur Welt der Hungergeister … Nein! In diesen Gedanken liegt das Verderben.

Und wieder stehen ihm die Worte seines Freundes bei. »*Verweile in Gleichmut, begehre nicht das eine noch das andere, weise nicht zurück, fürchte dich nicht. Betrachte alles Wollen, alle Ablehnung gleichmütig.*«

Gleichmut gelingt ihm nicht. Doch es gelingt ihm, dem strahlenden Licht standzuhalten und nicht den Verlockungen der Asuras zu folgen.

Es scheint ihm eine Ewigkeit zu dauern. Schließlich schwinden das Licht der Asuras und das strahlende Licht des Amoghasiddhi. Bevor ihn die Dunkelheit wieder umfängt, spürt er ein leichtes Bedauern und das Gefühl, eine verheerend falsche Entscheidung getroffen zu haben.

1950 – *Die Rache*

Es war stockdunkel, als sich Dorjee zum Palast des Fürsten aufmachte. Er trug eine mit flüssiger Yak-Butter gefüllte Lampe und hatte sich einen großen Sack auf den Rücken gebunden. Vorsichtig, sehr vorsichtig bewegte er sich, umso vorsichtiger, je näher er dem Palast kam. Dann dunkelte er die Lampe ab. Wie eine Katze schlich er um den Palast herum. Auf der Rückseite des großen Gebäudes war es vollkommen still. Am Haupteingang hatte immerhin ein müder Wächter gestanden. Hier aber gab es keine schläfrige Wache, nichts rührte sich. Dorjee kletterte über die Mauer, hastete über den Hof zu einem Fenster und stieg ins Gebäude. Er öffnete den Verschluss der Lampe und sah sich um, jederzeit bereit, die Flucht zu ergreifen. Offenbar war er in der Küche. Sehr gut! Hier gab es sicher zusätzliches Brennmaterial. Er stellte die Lampe ab und schwang den Sack von seinem Rücken. Sorgfältig verteilte er das trockene Gras, die kleinen Ästchen und getrockneten Dung um den Stapel Holz neben dem Herd. Dann lauschte er noch einmal. Nichts. Ein wenig Yak-Butter aus der Lampe, eine kleine Flamme aus einem Ästchen, das er an seiner Lampe entzündete ... Erst züngelten die Flämmchen nur leicht, dann flackerte eine heiße Flamme auf, als das Holz Feuer fing. Dorjee verlor keine Zeit. Den Sack und die Lampe gegriffen und rasch aus dem Fenster. Er lief über den Hof und schwang sich über die Mauer. Er rannte wie von Teufeln gehetzt. Dann verkroch er sich hinter einem Felsen und beobachtete die Szene. Rauch stieg aus dem Palast, doch noch rührte sich nichts. Plötzlich erscholl der Alarm. Schreie und Kommandos ertönten, Flammen schlugen erst aus einem Fenster, dann aus mehreren. Es dauerte mindestens zwei Stunden, bis der Brand gelöscht war. Dorjee war zufrieden. Er hatte sich am Fürsten gerächt – und noch wichtiger: Seine Vorstellung, dass sich der ganze Palast nur um das Feuer kümmern würde und von allem anderen abgelenkt war, hatte sich bewahrheitet. Bald würde er seinen Plan umsetzen.

Über den Bergen des Ostens erschien ein kleiner Lichtstreifen. Es würde nicht mehr lange dauern, bis die Sonne aufging. Eilig machte sich Dorjee auf den Heimweg.

Dorjee war aufgeregt und voller Pläne. Doch er konnte mit niemandem darüber sprechen. Vater würde seine Tat nicht gutheißen. Er würde ihn zwar sicher nicht verraten, doch er wäre wohl sehr wütend, zornig oder enttäuscht. Dorjee verstand das nicht. Schließlich war Vater von den Schergen des Fürsten geschlagen worden, und man hatte ihm die Hälfte der Herde genommen. Noch schlimmer war, dass er sehen musste, wie Tsering die Augen herausgerissen wurden. Dorjee musste nicht raten, warum sein Vater immer noch schweißnass aus Träumen aufschreckte und »Nicht meine Augen!« schrie. Nein, mit Vater konnte er nicht reden. Immer wenn Dorjee anfing, von der Ungerechtigkeit zu sprechen, sagte er: »Alles ist, wie es sein soll. Der Fürst mag ein böser Mensch sein; doch er wird dafür in seinem nächsten Leben leiden müssen. Jetzt aber genießt er die Früchte seines früheren guten Lebens. Ein jeder steht an dem Platz, der ihm zukommt. Buddha sei gepriesen.« Für Vater gab es keinen Grund zu klagen. Das Rad des Lebens drehte sich beständig, und Buddha, der große Herr des Mitleids, und die Scharen der Gottheiten wachten über die Gerechtigkeit. Dorjee jedoch hatte den Glauben schon vor langer Zeit verloren. In diesem Leben wollte er gerecht behandelt werden. Belohnung oder Bestrafung für das, was in einem früheren Leben geschehen sein sollte und an das er sich nicht im Geringsten erinnern konnte – das war keine Gerechtigkeit. Die Götter würden ihm nicht beistehen. Jeder musste sein Schicksal in die eigene Hand nehmen. Und das würde er von jetzt an tun.

Als er zwei Wochen nach seiner Tat Sonam traf – Lhamo war wieder zu ihrer Familie zurückgekehrt und bisher noch nicht Nonne geworden – kam ihr Gespräch schnell auf Gerechtigkeit. Sonam lächelte. »Es gibt so viele Arten von Gerechtigkeit«, sagte er.

Ungeduldig schüttelte Dorjee den Kopf. »Verschiedene Gerechtigkeiten? Du meinst wohl eine für die Adligen, eine für die Mönche und eine für die Leibeigenen«, erwiderte er spöttisch.

Sonam lachte. »Nein. Aber sieh mal: Du hast einen Armen, der hungert, einen, der satt ist, und einen, der ein gieriger Fresser und Fettsack ist. Nun sollst du an diese drei Nahrungsmittel verteilen.«

»Ich würde alles dem Armen geben!«

»Ja, Dorjee. Nun aber erfährst du, dass der Arme ein Mörder ist und der Satte ein Dieb; der Dicke aber hilft den Armen, wo er nur kann.« Er lachte, als er Dorjees verwirrten Blick sah. »Das sind schon einmal zwei unterschiedliche Formen von Gerechtigkeit. Es gibt noch mehr. Du möchtest dem Armen alles oder das meiste geben. Der aber sagt: ›So viel Essen macht mich krank; gib es lieber den anderen!‹, der Dicke meint dagegen: ›Bitte gib mir möglichst viel. Ich bin nicht freiwillig so dick. Doch wenn ich nicht viel esse, leide ich starke Schmerzen.‹ Wem würdest du dann mehr geben? Und was, wenn du allen gleich viel gäbest, zwei aber dein Geschenk nicht wollten und es nur wegwerfen würden? Nein, Dorjee, so einfach ist es nicht mit der Gerechtigkeit.«

Dorjee war eine Weile still. Dann sagte er leise: »Tsering die Augen herauszureißen, war nicht gerecht. Dass einige Menschen mächtig und böse sind und andere, die gut sind, ihre Sklaven – das ist ebenfalls nicht gerecht.«

Sonam runzelte die Stirn. »Buddha …«

»Buddha ist schon lange tot!«, entgegnete Dorjee heftig. »Wir müssen selbst für Gerechtigkeit sorgen. Buddha ist nur gütig zu den Reichen.«

Sonam schwieg eine Weile und sah seinen Freund voll Mitgefühl an. »Nun«, sagte er schließlich, »du magst in manchem recht haben. Einige Dinge sind nicht gut und sollten sich ändern. Doch Veränderung braucht Zeit. Ja, es ist nicht richtig, dass sowohl die Adligen als auch die Klöster Menschen besitzen. Das ist nicht das, was Buddha gelehrt hat.«

»Ach Buddha!«, rief Dorjee. »Die Mönche, die ständig von Güte und Mitgefühl sprechen, sind doch nicht besser!« Er konnte nicht vergessen, dass ein Lama an der grausamen Bestrafung Tserings mitgewirkt hatte – und Sonam wusste um die Gedanken seines Freundes.

»Ja«, sagte er traurig. »Auch unter den höchsten Mönchen gibt es leider einige, die die Lehre des Buddha nicht beachten. Sie richten sich nicht nach dem großen Herrn des Mitleids. Aber weißt du was? Es kommt eine neue Zeit!« Sonam klang nun ganz begeistert. »Der junge Dalai Lama hat große Reformen im Sinn, sagt man. Im Kloster spricht man jetzt ständig darüber.«

»Du hoffst also weiterhin, dass das Gute von oben kommt, ohne dass du selbst etwas ändern musst«, entgegnete Dorjee bitter. »Glaubst du wirklich, die Adligen oder die Klöster werden so einfach ihre Vorrechte aufgeben?«

Sonam überlegte. »Vielleicht nicht ohne Weiteres. Doch du willst alles viel zu schnell. Hab Geduld, Dorjee. Was kannst du denn schon tun?«

»Zum Beispiel kann ich Räuber werden und die Adligen berauben. Und ich habe im Palast des Fürsten ein Feuer …« Erschrocken über seine eigenen Worte hielt er inne. Was hatte er getan? Nicht einmal Sonam durfte er das erzählen, und nun hatte er es doch getan. Sein Freund sah ihn mit großen Augen an.

»Dorjee, was hast du angestellt!«

Was, wenn Sonam ihn verriete? Dann würden wohl auch ihm die Augen herausgerissen werden. Lieber würde er sterben!

»Dorjee, mein lieber Dorjee«, rief Sonam. »Du bist auf einen Irrweg geraten! Was willst du denn erreichen, indem du nur noch mehr Leid in die Welt bringst?«

»Ich will reich sein wie die Adligen. Ich will, dass keiner über mich verfügt. Ich werde ein großer Kaufmann sein – doch dazu brauche ich erst einmal Geld. Und daher muss ich Räuber werden.«

»Aber Dorjee, was dann? Wenn du reich bist, ein großes Haus und einen großen Namen, aber keinen inneren Frieden, kein Glück, kein Ziel hast? Was bleibt dann von dir, wenn du stirbst?«

Dorjee ballte die Fäuste: »Das ist mir egal. Wir alle sterben. Jaja, ich weiß: Du hoffst, ein gutes Leben zu haben, wenn du wiedergeboren wirst. Ich hoffe dasselbe, nur eben in diesem Leben. Wer weiß schon, ob es überhaupt eine Wiedergeburt gibt?«

»Aber Dorjee, die Rinpoches, der Dalai Lama, sie sind wiedergeboren und erinnern sich ihrer früheren Leben!«

»Das sagen sie. Wie ist es mit dir? Erinnerst du dich etwa?«

Sonam zuckte mit den Schultern und lächelte: »Oh Dorjee, es ist doch gar nicht so wichtig, ob wir wiedergeboren werden. Wichtig ist nur, dass wir in diesem Leben gute Menschen sind – aus dem Wunsch unseres Herzens heraus, damit das Leiden in der Welt weniger wird und wir es schließlich überwinden und nicht, weil wir uns eine Belohnung erhoffen.«

Dorjee lachte spöttisch. »Und einem Leibeigenen die Augen herauszureißen, überwindet das Leiden? Was nützt es mir, gut zu sein, wenn jeder Adlige oder irgendein Lama tun kann, was ihm beliebt?«

»Ach, Dorjee! Das Geistesgift des Hasses verwirrt dich. Hass, Gewalt, Gier und Unwissenheit sind die Gifte, die das Leid erzeugen. Nie wirst du glücklich sein, wenn du gierig dem Geld nachjagst. Noch schlimmer steht es um dich, wenn dein Herz voller Hass ist und du Gewalt anwendest. Dorjee, mein lieber Freund, besinne dich! Du weißt nicht, welch furchtbaren Irrweg du einschlägst. Willst du als Ratte wiedergeboren werden?«

»Lass mich in Ruhe du …. du Mönch!« Dorjee schlug Sonam hart auf die Brust, sodass er stolperte, fiel und mit seinem Kopf auf einem Stein aufschlug. Plötzlich war alles ganz still. Entsetzt sah Dorjee, wie das Blut aus Sonams Kopfwunde strömte. Er regte sich nicht mehr. Dorjees Wut verflog mit einem Mal. Er war über sich selbst erschrocken. Was hatte er nur getan? Er war auch nicht besser als die Adligen. Was, wenn er seinen Freund umgebracht hatte? *Wenn er tot ist, will ich auch nicht mehr leben,* dachte Dorjee verzweifelt.

Doch Sonam war nicht tot, nicht einmal schwer verletzt. Die Kopfwunde blutete nur stark. Er setzte sich auf und fasste sich an den Kopf. Dorjee warf sich vor ihm nieder. »Vergib mir, Sonam! Du hast recht: Meine Wut auf den Fürsten hat meinen Geist verwirrt. Sonam, kannst du mir verzeihen?«

Sonam lächelte schon wieder, obwohl ihm Blut durch die Finger rann. »Dorjee, steh auf, sei nicht albern. Es gibt nichts zu verzeihen.«

Dankbar sah Dorjee seinen Freund an.

»Und vielleicht hast du ja recht, Dorjee. Die Ungerechtigkeit muss aufhören. Und das wird sie. Ich glaube fest daran, dass uns der junge Dalai Lama in eine neue Zeit führt. Vergiss nicht, dass wir alle Menschen sind: Mönche, Hirten, Sklaven, Fürsten, Leibeigene, Bettler … Viele sind gute Menschen, manche sind es nicht. Ja, auch in den Klöstern gibt es schlechte Menschen; doch sieh unseren Abt: Er ist ein Heiliger und Rinpoche und gewiss kein Übeltäter. Und genauso gibt es auch gute Menschen unter den Adligen.«

Dorjee nickte. Er sah ein, dass Sonam mit vielem recht hatte. Trotzdem sträubte sich alles in ihm zuzugeben, dass Adlige gute Menschen sein konnten. Sie alle hatten Leibeigene und Sklaven, und das konnte einfach nicht richtig sein. Niemals sollte ein Mensch einen anderen besitzen dürfen!

Doch er sagte kein Wort davon zu Sonam. Er hätte gern mit ihm gesprochen, aber nach allem, was geschehen war, legte er sich das Schweigen als Buße auf. Und nie, nie wieder würde er seinen Freund schlagen.

Was aber die Adligen betraf, da war er sich nicht so sicher.

Der weite Raum des Herzens

Der Lama trank seinen Morgentee, wusch sich und meditierte.

Seit er seinem ältesten Freund, Dorjee Wangchuk, das Bardo Thödol las, dachte er öfter an seinen eigenen Tod. Er fürchtete sich nicht vor dem Tod. Sein ganzes Mönchsleben hatte er sich damit beschäftigt; ja, in gewisser Weise waren die Meditationen und die Sechs Yogas alle eine Vorbereitung auf den Bardo des Todes, um dort Befreiung aus dem Kreislauf der Wiedergeburten zu erreichen. Sonam Tsering hatte alle Stufen durchlaufen. Er hatte *Tummo* gelernt, konnte seinen Körper gegen Kälte unempfindlich machen und seine negativen Neigungen gewissermaßen verbrennen. Er hatte das *Milam*, das Traum-Yoga, erlernt, um sein Bewusstsein auch in größter Verwirrung aufrechtzuerhalten. Auch das Yoga des Klaren Lichtes, *Ösel*, das Yoga des Zwischenzustandes, *Bardo*, und das Yoga des Illusionskörpers, *Gyulü* – sie alle waren eine Vorbereitung auf den Tod.

Der Lama sah seinem Tod gelassen entgegen. Aber das hatte auch sein Freund Dorjee getan. Im Gegensatz zu Dorjee, der nicht auf die Schrecken und Verführungen des Bardo vorbereitet war, war er, Sonam, allerdings gut gerüstet. Doch ob die Vorbereitung wirklich genügen würde, wenn es einmal so weit war? Er selbst hatte sicherlich schon viele Leben durchlaufen. Offenbar war es ihm nie gelungen, Befreiung zu erlangen – also hatte er die Schrecken des Bardo der Dharmata erlebt, viele Male schon, war immer wieder geflohen, sodass er ins Bardo des Werdens eintreten und schließlich wiedergeboren würde.

Natürlich waren ihm diese Gedanken nicht neu. Doch immer wieder beschwerte es seinen Geist, wenn er den ewigen Kreislauf sah, seine Geburten und Wiedergeburten, seine karmischen Fesseln, die ihn davon abhielten, die Befreiung zu erlangen und wieder, immer wieder den gleichen Weg zu gehen. Für einen kurzen Augenblick erschien es ihm, als ob er in die Ganzheit des Seins einträte, der ganze Kosmos ein gewaltiger Wirbel, Kreise, die sich bildeten und wieder auflösten, um neue Muster zu bilden. In den Kreisen wiederum kleinere Kreise, immer tiefer, bis alles ein einziger Wirbel der Energie war – geteilt in unendlich viele Wesenheiten und doch alles völlig eins, in ständiger Bewegung und doch immer es selbst, beständig und ewig …

Die Vision verblasste, und Sonam lächelte. Wie wunderbar und unbegreiflich war doch das Sein. Selbst die große

Befreiung war nur ein Wirbel im Großen Ganzen, der sich schließlich auflöste.

Der Lama schüttelte unwillkürlich den Kopf. Das alles waren nur Gedankenspiele, die nichts daran änderten, dass er seinem Freund Dorjee beistehen musste. Er begab sich auf seinen Platz im Sterbezimmer und begann mit der Lesung.

»Dorjee Wangchuk, noch irrst du im Bardo der Dharmata umher, da du aufgrund deiner Neigungen das klare strahlende Licht des Amoghasiddhi gefürchtet hast. Du bist nun schon weit gekommen und hast die Visionen der fünf spirituellen Ordnungen erlebt – und stets hast du Furcht empfunden. Nun werden dir alle diese Erscheinungen und die vier Urweisheiten aufgehen. Fürchte dich nicht und lass dich nicht zerstreuen. Die vielen Wesenheiten, Götter und Göttinnen, männliche und weibliche Bodhisattvas, sie alle entsteigen deinem Herzen, sind Abbilder deines eigenen Geistes. Erkenne dies und befreie dich!

Auch die unreinen, verführerischen, strahlenlosen Lichtpfade der sechs Daseinsbereiche werden dir wieder erscheinen: das weiße Licht der Götter, das rote der Asura, das blaue der Menschen, das grüne der Tiere, das gelbe der Hungergeister und das rauchfarbene Licht der Dämonen. Versuche, in Gelassenheit zu verweilen, folge nicht den unreinen Pfaden …«

Vision der fünf spirituellen Ordnungen

Dorjee ist schlagartig wieder bei Bewusstsein, und die Welt hat sich wieder verändert. Alles ist in Bewegung, unzählige Farben und Formen entstehen, lösen sich auf und bilden neue, einmalige Muster.

»Verweile in Gleichmut, begehre nicht das eine noch das andere, weise nicht zurück, fürchte dich nicht. Betrachte alles Begehren, alle

Ablehnung mit Gleichmut.« Dieser Rat hat es ihm zumindest ermöglicht, nicht der Welt der Höllenwesen anheimzufallen. Das Gefühl, dass es ihm aus seiner Willenskraft heraus gelungen ist zu widerstehen, erfüllt ihn mit Hoffnung. Ob es ihm wohl weiterhin gelingt? Und was passiert dann? Dann wird er wiedergeboren, und er, Dorjee Wangchuk, bleibt erhalten. »Dorjee Wangchuk.« Er spricht seinen Namen, doch er fühlt keine Verbindung damit. Es ist, als ob es ein fremder Name wäre.

Und wenn er wiedergeboren wird? Dorjee befallen Zweifel, ob das wirklich ist, was er will: Denn war er nicht auch in seinem Leben als Dorjee Wangchuk die Wiedergeburt eines vorangegangenen Wesens? Nichts davon ist ihm bewusst. Es ist, als hätte es diesen Vorgänger nicht gegeben. Er erinnert sich, dass es ihm sein Freund, der Mönch, einmal erklärt hat: »Dein kleines Alltagsselbst, das, was du immer Ich nennst, ist eine Illusion. Wenn du wiedergeboren wirst, wird dein Karma – deine Neigungen und begangenen Taten – deinen Geist beeinflussen. Nur wenn du viele Jahre übst und meditierst, wirst du vielleicht dann und wann eine kurze Vision eines deiner früheren Leben haben. Dann mag es dir gelingen, dein Karma zu reinigen.«

Aber das hieße ja, dass sein ganzes Anhaften an sein Ich zum Scheitern verurteilt wäre. Dorjee spürt tiefe Verzweiflung, denn genau das will er vermeiden – sich selbst zu verlieren!

Die Lichter, Farben und Wirbel werden intensiver, und es erstehen zahlreiche Lichtwesen vor Dorjee; sie kommen ihm bekannt vor, denn er ist ihnen in den vorausgegangenen Visionen bereits begegnet.

Dorjee versucht, die Augen vor ihnen und den unheilvollen Pfaden zu verschließen. Immer wieder sagt er sich, dass er Gleichmut bewahren muss. Es gelingt ihm nicht wirklich. Die strahlenden Lichter durchdringen auch seine geschlossenen Augen, und die Lichtpfade fühlt er, selbst wenn er sie nicht sieht.

Dorjee krümmt sich zusammen, Beine und Arme angezogen wie ein Embryo, und verharrt in Bewegungslosigkeit. Ein Schmerz, wie er ihn noch nie zuvor gespürt hat, lähmt ihn. Er kann sich weder hingeben noch fliehen. Doch auch wenn er weit davon entfernt ist, Gleichmut zu bewahren und kaum einen klaren Gedanken fassen kann, gelingt es ihm, der Furcht und den Verlockungen zu widerstehen.

Wie lange noch?, sind Dorjees letzte Gedanken, bevor er wieder in die Dunkelheit eintaucht.

1950 – *Der Soldat*

Sonam war es zu verdanken, dass Dorjee fürs Erste kein Räuber wurde und sich keiner der vielen Banden in Tibet anschloss: Er hatte eindringlich von den großen Reformen geschwärmt, die der 14. Dalai Lama durchführen würde, sobald ihm auch die weltliche Herrschaft über Tibet übertragen wurde. Und das sollte noch in diesem Jahr geschehen! Nun gut, Dorjee würde Geduld beweisen.

Geduld aber fiel ihm schwer. Die einzige Veränderung, die ihm auffiel, war die, dass es immer mehr Soldaten gab. Und das, obwohl der große Krieg, der, wie man sagte, die ganze Welt erschüttert hatte, schon seit fünf Jahren vorbei war. Sonam und Dorjee hatten von diesen Erschütterungen nichts bemerkt – abgesehen davon, dass die tibetische Armee immer größer wurde.

Sonam hatte gehört, dass im Osten nun ein neuer Kaiser regierte, der Tibet in sein Reich eingliedern wollte. Dieser Kaiser sollte über Zauberkräfte verfügen und ein Millionenheer von Totengeistern befehligen, hieß es. Daher musste Tibet verteidigungsbereit sein, mit Buddhas Hilfe würden sie die bösen Kräfte in die Flucht schlagen.

Dorjee zweifelte an dem Gerede. Zauberkräfte und Totengeister? Er glaubte nicht daran, doch er schwieg. Er wollte nicht wieder mit seinem Freund in Streit geraten. Die Erzählungen Sonams entfalteten jedoch mit der Zeit eine Wirkung, die Sonam keineswegs beabsichtigt hatte: Sie weckten einen neuen Wunsch in Dorjee – er würde Soldat werden und Tibet verteidigen! Das war allemal besser, als Räuber zu sein.

Sonam versuchte, ihm diese Idee auszureden. »Dorjee – als Soldat musst du Menschen töten! Das ist schrecklich. Buddha hat gelehrt, keinem Lebewesen Leid zuzufügen.«

»… außer Sklaven und Leibeigenen und allen, die weniger Macht als die Klöster und Adligen haben!«, warf Dorjee bitter ein.

Sonam senkte den Kopf. Er wusste, an was sein Freund dachte. »Ja, Dorjee, aber mit Buddha hat das nichts zu tun. Bitte habe Geduld. Die Dinge werden sich ändern. Aber belaste dein Karma nicht mit Töten, ich bitte dich.«

Dorjee spürte, dass Sonam wirklich besorgt um ihn war, was ihn rührte. Aber dennoch. Er konnte nicht nachgeben und wollte Soldat werden.

Vater verbot es ihm fast mit den gleichen Worten, die Sonam gebraucht hatte. Und so zog er schließlich ohne den Segen seines Vaters los, auch wenn er nicht wusste, wie es weitergehen sollte. Am dritten Tag seiner Reise wurde es kälter, und es begann zu schneien. Mit jedem beschwerlichen Schritt wuchs Dorjees Sehnsucht nach seinem Vater und der Jurte. Beinahe wäre er umgekehrt. Doch er biss die Zähne zusammen und zog weiter.

Nur drei Wochen später war er tatsächlich Soldat, ein junger Rekrut der tibetischen Armee. Er hatte das Gefühl, etwas Bedeutendes und Wichtiges zu tun, und zum ersten Mal in seinem Leben verdiente er auch Geld. Dorjee lernte mit einer Geschwindigkeit, die seine Vorgesetzten erstaunte. Ohnehin waren sie verblüfft gewesen, als sich herausstellte, dass der einfache Hirtenjunge lesen und schreiben konnte. So wurde Dorjee bald schon zum Liebling und dann sogar zum persönlichen Adjutanten des Kommandanten.

Die Chinesen wollten Tibet wieder in ihr Reich eingliedern, sagte man. Doch nachdem Tibet schon die Herrschaft der Mongolen, der Mandschu, dann sogar, wenn auch nur kurz, der rotgesichtigen Langnasen und schließlich die der Chinesen erduldet hatte, sollten nie mehr Fremde über Tibet bestimmen – nicht einmal, wenn sie Verbündete waren. Die letzten chinesischen Beamten waren vor fünf Jahren nach China zurückgeschickt worden. Tibet war nun seit vierzig Jahren ein unabhängiges Land, seit China die Kriegsentschädigung gezahlt hatte, die die Briten unverschämterweise von Tibet forderten, nachdem sie zuvor Tibet überfallen und das Massaker von Guru angerichtet hatten.

Dorjee war stolz darauf, sein Land zu verteidigen. Zumal es nicht gegen Totengeister und einen zauberkräftigen Kaiser ging, sondern nur gegen einen ganz gewöhnlichen General, einen Menschen wie er selbst, Mao Zedong. Dorjee lachte über die abergläubischen Märchen seines Freundes.

»Dorjee Wangchuk«, sagte der Kommandant. »Du bist ein kluger Bursche. Wir brauchen solche wie dich. Vor allem brauchen wir schlaue junge Leute, die die Sprache des Feindes sprechen. Wir brauchen Übersetzer für die Gefangenen und als Kundschafter.«

»Aber Herr, ich spreche die Sprache doch gar nicht!«

Der Kommandant lächelte. »Nein, natürlich nicht. Noch nicht. Aber wir haben den alten Samje Gondrup. Der taugt zwar nicht als Kundschafter, doch er soll ein paar klugen Köpfen Chinesisch beibringen. Und du bist doch schließlich ein kluger Kopf, Dorjee, nicht wahr?«

Ja, Dorjee war klug genug. Mehr als das. Wie schon damals, als er von Sonam Lesen und Schreiben gelernt hatte, lernte er auch die fremde Sprache in atemberaubender Geschwindigkeit. Er vergaß kein Wort, das ihn Samje Gondrup lehrte, und als die anderen jungen Soldaten, die Chinesisch lernen sollten, die ersten einfachen Sätze bilden konnten, sprach Dorjee bereits beinahe fließend mit seinem Lehrer.

Der Herbst kam, und mit dem Herbst kamen die Chinesen. Das tibetische Heer rückte vor. Der Krieg hatte begonnen.

Dorjee war einer der Ersten, die in chinesische Gefangenschaft gerieten. Er, wie auch alle seine Mitgefangenen, hatten große Angst. Sie glaubten zu wissen, dass ihnen Schreckliches bevorstünde. In ihrer Ausbildung hatten sie viel von der Grausamkeit der Chinesen gehört; dass Gefangenen die Haut bei lebendigem Leib abgezogen würde oder man sie in Öl kochte. Doch bisher waren sie gut, ja beinahe freundschaftlich behandelt worden. Dennoch war allen tibetischen Gefangenen bange, als der chinesische General vor sie trat.

»Ich General Tang Yang-Fei. Gibt hier ein Mensch spricht China?«, fragte er in schauderhaftem, kaum verständlichem Tibetisch. Doch Dorjee verstand.

»Ich spreche ein wenig Chinesisch, Edler Herr«, sagte Dorjee.

Erstaunt riss der Mann die Augen auf. Dann lachte er. »Gut! Sehr gut! Aber ich bin kein ›Edler Herr‹, ich bin ein Bürger wie du, *tongzhi.*«

Dorjee kannte das Wort nicht, aber er begriff, was es in etwa bedeutete: »Kamerad«, »Kumpel« oder »Genosse«. Machte sich der Chinese etwa lustig über ihn?

»Komm mit, ich möchte mit dir sprechen«, sagte der General, und Dorjee folgte ihm in sein Feldzelt. Ihm wurde ein merkwürdiger wässriger Tee angeboten. Dorjee dachte, dass der Mann sicher vergessen hatte, Yak-Butter dazuzugeben. Doch da der General Tang diesen Tee ohne Wimpernzucken trank, war es wohl so, dass diese Leute ihren Tee immer so merkwürdig zubereiteten. Also trank auch Dorjee.

»Nun, *tongzhi,* wie lange bist du schon Soldat?«

»Sechs Monate, Edler He… *tongzhi.*«

Der General lächelte. »Weißt du überhaupt, um was es in diesem dummen Krieg geht?«

»Ihr Chinesen wollt unser Land haben«, erwiderte Dorjee hitzig.

Der General schüttelte den Kopf. »Nein, Junge. Tibeter und Chinesen sind Brüder. Wir sind nicht gekommen, um gegen unsere Brüder zu kämpfen, sondern um euch zu befreien.«

Verwirrt sah Dorjee ihn an. »Von was befreien?«, fragte er schließlich vorsichtig.

Tang lachte wieder laut. »Junge, du bist doch kein Mönch, oder?«

Dorjee schüttelte den Kopf.

»Und ein Adliger bist du auch nicht.«

»Nein, auf keinen Fall!«, rief Dorjee.

»Und wem gehört das ganze Land? Wer muss hart arbeiten und hat wenig zu essen? Fast alle. Und wer hält sich Sklaven und Leibeigene? Ein paar Adlige und Klöster. Wir sind gekommen, um die Unterdrückten zu befreien!«

Dorjee konnte nicht glauben, was er hörte. Träumte er? Die Chinesen waren gekommen, um die Sklaven und Leibeigenen zu befreien? Was würden die Adligen und die Klöster wohl dazu sagen, wenn das wirklich stimmte? Machte der General nur einen grausamen Scherz mit ihm? Es hörte sich nicht so an. Dorjee schwieg und sah Tang Yang-Fei mit großen Augen an.

»Nun, Junge – verstehst du, was ich dir sage? Wir sind keine Feinde. Wir sind alle Brüder!« Er schien Dorjees Gedanken zu erraten. »Die Adligen und die Mönche werden wir auch befreien; und zwar von ihrem Reichtum und ihrer Macht!« Der General lachte.

Dorjee wurde schwindelig. Würde sein Traum von Gerechtigkeit nun schneller wahr werden, als er es sich je hätte vorstellen können? »Wir sind alle Brüder«, hatte der General gesagt. Dorjee war jedenfalls bereit, sein Bruder zu sein.

»Sie befehlen ihren Sklaven und Leibeigenen und sogar Freien, uns zu bekämpfen, weil sie die Gerechtigkeit hassen. Die Adligen und ihre Spießgesellen, die Mönche, haben alles vom Volk gestohlen und beuten die Menschen aus. Und wir werden dem Volk alles zurückgeben, was man ihm weggenommen hat!«

Dorjee war, als ginge in seinem Herzen die Sonne auf. Die Veränderung kam! Und sie kam viel schneller, als er es sich je erträumt hatte. Ganz sicher schneller als die Reformen, von denen Sonam gesprochen hatte.

Der chinesische General hatte die richtigen Worte für Dorjee gefunden und in ihm einen neuen Verbündeten gewonnen. Er hatte gesehen, dass Dorjee ein ungewöhnlich kluger Junge war, der schnell begriff, um was es ging. Tang Yang-Fei besaß genug Menschenkenntnis, um zu erkennen, dass Dorjee von dem Ziel der Volksarmee, die Tibeter zu befreien, begeistert war. Der General nickte zufrieden. Wenn doch nur alle so einsichtig wären! Dann müsste die Armee nicht kämpfen.

Doch die Reichen, die das Volk seit Jahrhunderten ausbeuteten, die Adligen, die es versklavten, und die Mönche, die es mit ihrem Aberglauben beherrschten ... Der große Vorsitzende Mao hatte erklärt, dass diese wenigen dem Glück der einfachen Menschen entgegenstanden und dass ihnen ihre Macht genommen werden musste.

»Dorjee Wangchuk, *tongzhi*, ich habe eine wichtige Aufgabe für dich«, sagte er am nächsten Tag. »Du willst bestimmt, genau wie ich, dass Blutvergießen vermieden wird.«

Dorjee nickte eifrig.

»Du wirst mit einem meiner Offiziere zum Gouverneur reiten und ihm bei den Verhandlungen zur Kapitulation beistehen. Wir haben Chamdo umstellt. Unsere Waffen und unsere Erfahrung als Soldaten sind eurer kleinen Armee weit überlegen. Wir könnten nun sofort angreifen und die Stadt im Nu einnehmen, ohne große Verluste zu befürchten.« Er sah Dorjee durchdringend an. »Doch eure Soldaten tragen nicht die Verantwortung für diesen Kampf. Ich will kein Gemetzel, wie es die Briten vor vierzig Jahren bei euch angerichtet haben!«

Dorjee nickte. Aber auf was wollte General Tang hinaus? Dass ausgerechnet er mit dem Gouverneur verhandeln solle? Das war schließlich einer der Adligen, ja, einer der mächtigsten Männer im Land, der vom Dalai Lama persönlich ernannt worden war.

Tang erriet seine Gefühle. »Ja ich weiß – es ist eine besondere Aufgabe. Ich wollte gerade dir die Möglichkeit geben, ihm klarzumachen, dass er kapitulieren muss. Nicht nur, weil du beide Sprachen sprichst. Ich will, dass du dem Gouverneur als freier tibetischer Chinese gegenübertrittst und zeigst, dass der Adel seine Macht schon sehr bald verloren haben wird!«

Dorjee war natürlich Feuer und Flamme für diese Aufgabe. Und doch zitterten ihm ein wenig die Knie, als er gemeinsam mit einem chinesischen Offizier den Gouverneurspalast betrat. Sie trugen die Flagge der Unterhändler und niemand stellte sich ihnen in den Weg. Ohne Weiteres wurden sie zum Gouverneur Ngapoi Ngawang Jigme geführt.

Der Gouverneur war ein großer, schlanker Mann mit freundlichem Blick und sanfter Stimme. Er entsprach gar nicht Dorjees Bild von einem Adligen.

Und es bedurfte auch keiner langwierigen Verhandlungen. Als die Kapitulation gefordert wurde, nickte Gouverneur Ngapoi nur und sagte: »Es sind schon genug Menschen getötet worden. Das ist nicht Buddhas Weg.«

Der chinesische Offizier verzog das Gesicht, als Dorjee übersetzte, aber erwiderte nichts.

»Ich bitte euch nur: Lasst die Gefangenen frei. Ich sorge dafür, dass alle Kampfhandlungen eingestellt werden und werde den Dalai Lama in Lhasa verständigen und eure Ankunft ankündigen.«

Und so geschah es. Nachdem sich die tibetische Armee ergeben hatte, konfiszierte die Volksbefreiungsarmee deren Waffen, die Gefangenen mussten Vorträge über die Segnungen des Sozialismus über sich ergehen lassen, bekamen ein wenig Geld und durften dann nach Hause gehen.

Dorjee aber blieb als Übersetzer und Vermittler. Er war nun kein einfacher Tibeter mehr, sondern ein tibetischer Chinese. Und zum ersten Mal spürte er ein wenig, was es bedeutete, Macht zu haben, und er genoss es.

Gouverneur Ngapoi überraschte Dorjee mehr als alles andere. Obwohl er doch Adliger war – er stammte sogar von den früheren tibetischen Königen ab –, zeigte er großes Interesse and den Plänen des Vorsitzenden Mao Zedong. Schon nach einem Jahr wurde er zum Oberbefehlshaber der Volksbefreiungsarmee in Tibet ernannt und Vorsitzender der kommunistischen Partei in Tibet.

Ngapoi wurde vom Dalai Lama selbst als leitender Beamter der tibetischen Delegation nach Beijing entsandt, um Friedensverhandlungen zu führen, und unterzeichnete 1951 das »17-Punkte-Abkommen zur friedlichen Befreiung Tibets«.

Doch der Adel und der Klerus hatten Angst um ihre Vorrechte. Und wenn sie geahnt hätten, was die Zukunft bringen würde, hätten sie sicher noch mehr Angst gehabt.

Für Dorjee aber begann das Leben. Er fühlte sich bedeutend.

Die Täuschung der Neigungen

Heute war der siebte Tag, an dem sein Freund im Bardo umherirrte. Der Lama atmete tief durch. Heute würde Dorjee die letzte Möglichkeit erhalten, sich den friedfertigen Mächten hinzugeben. Wenn es ihm nicht jetzt gelang, sich von seiner Furcht zu befreien, würde er nur zu bald erfahren, was Furcht wirklich bedeutete und er den rasenden Gottheiten in den Visionen der kommenden Woche begegnen würde.

Der Lama nahm sich vor, heute noch eindringlicher und konzentrierter zu sprechen. Vielleicht konnte er Dorjee doch noch helfen und ihm die Schrecken der bluttrinkenden Götter ersparen.

»Dorjee Wangchuk, höre heute ganz besonders gut zu! Lass dich nicht ablenken, folge meinen Worten. Komme zur Besinnung! Du hast nun die fünf spirituellen Ordnungen kennengelernt, erst jede für sich, dann gemeinsam – du hast dich nicht ihrem Mitleid anvertraut, sondern hast aufgrund deiner Neigungen und deines Karmas große Furcht empfunden. Nun, Dorjee, hast du die letzte Möglichkeit, deine Furcht loszulassen – denn du kennst die wahre Furcht noch nicht.

Heute erscheinen dir die göttlichen Bewahrer des Wissens im Regenbogenlicht, tanzend, lärmend, mit Knochenschmuck. Lass dich nicht von dem Getöse beirren. Auf keinen Fall aber fliehe auf dem grünen, strahlenlosen Lichtpfad der Tierwelt. Folgst du diesem Pfad, wird dein Leid durch den Mangel an Einsicht und Verständnis unendlich sein – für lange, lange Zeit wirst du dann als Tier wiedergeboren werden, ohne Möglichkeit der Befreiung durch Einsicht. Vermeide diesen Lichtpfad um jeden Preis und bete:

›Ihr göttlichen Wissensbewahrer, die ihr gekommen seid, mich zu dem reinen himmlischen Licht des Mitleids zu geleiten, lasst mich nicht tiefer hinabsteigen, sondern ergreift mich mit eurem Mitgefühl!‹«

Die Vision der wissensbewahrenden Mächte

Dorjee ist wieder bei Bewusstsein. Die kurzen Zeiten des Wechsels von einer Vision zur anderen sind keine Erholung, kein Schlaf. Er hat auch kein Gefühl dafür, wie lange sie dauern. Eine Vision schwindet, er verliert das Bewusstsein und ist unmittelbar wieder wach. Vielleicht sind nur Augenblicke vergangen, vielleicht Stunden, Tage oder Jahre … Er weiß allerdings mit seinem Verstand, dass es nicht Jahre sein können, da er die Stimme seines Freundes hört, die die Welt erfüllt, ihn mahnt, warnt und belehrt. Doch so sehr er es auch möchte: Er kann dem Rat nicht folgen, auch wenn er einsieht, dass er gut und wichtig ist.

Die von überall herhallende Stimme klingt noch eindringlicher als sonst. *»… die letzte Möglichkeit, deine Furcht loszulassen …«* hört er. Das ist bedrohlich. Doch diese Worte sind es weitaus mehr: *»… du kennst die wahre Furcht noch nicht.«* Dorjee kann sich nicht vorstellen, größere Angst zu erleben als bisher. Doch er befürchtet, dass seine Vorstellung ihn trügt.

Die Welt, die er wahrnimmt, ist ein Wirbel aus Farben. Und aus den Farbwirbeln bilden sich Gestalten. Diesmal sind es Wesen, denen er in seinen Visionen noch nicht begegnet ist. Schon die ersten Manifestationen rufen in ihm die Worte des Lama in aller Deutlichkeit wach: *»… du kennst die wahre Furcht noch nicht.«*

Aus der Mitte eines der wirbelnden Regenbogenmandalas entsteigen ein tanzender Gott und eine Göttin, die er umfangen hält. Doch was ungeahntes Grauen in Dorjee hervorruft, sind die Gegenstände, die er in den Händen hält. Dorjee will seinen Blick abwenden, doch es gelingt ihm nicht, er ist wie gelähmt. Die Gottheit tanzt und lächelt – während sie in einer Hand ein Sichelmesser trägt und in der anderen … Nein, Dorjee will es nicht sehen, aber er kann nicht anders: Die andere Hand trägt eine Schädelschale, die mit Blut gefüllt ist.

Nun erscheinen in den verschiedenen Himmelsrichtungen auch noch andere Gottheiten. Alle lächeln sie und tanzen. Und alle tragen sie Sichelmesser und blutgefüllte Schädelschalen. Die ganze Welt füllt sich mit kleinen und großen Gottheiten – die großen Wissensbewahrer mit ihren Messern und blutigen Schädeln und um sie herum andere, kleinere, die ebenfalls tanzen und mit ihren Musikinstrumenten das Universum zum Beben bringen. Ihre Instrumente sind aus menschlichen Knochen gefertigt, sie tragen Knochenschmuck und schwingen Fahnen aus Menschenhaut. Die ganze Welt ist von diesen Gestalten erfüllt, von unerträglichem Licht und Klang, und Dorjee will schreien, doch er kann es nicht.

»Fürchte diese Visionen nicht!«, erklingt die Stimme des Lama, die erstaunlicherweise trotz des unerträglichen Lärms noch immer deutlich vernehmbar ist. *»Fliehe nicht, erkenne die Erscheinungen als Hervorbringungen deines eigenen Geistes!«*

Dorjee hört die Worte, und sie nehmen ein klein wenig von dem Grauen, das er empfindet. Trotzdem kann er diese furchterregenden Gestalten nicht als Teil seines Selbst begreifen. Wie kann es denn sein, dass all dies in ihm ist, dass es nur Manifestationen seiner schlechten Neigungen sind, wie sein Freund, der Lama, ihm erklären würde?

Der Drang, die Flucht zu ergreifen, wird immer stärker. Und er sieht auch einen Ausweg: einen grünen Lichtpfad, der sich von dem durchdringenden Strahlen wohltuend abhebt. Doch die Worte des Lama halten ihn zurück. »*Auf keinen Fall aber fliehe auf dem grünen, strahlenlosen Lichtpfad der Tierwelt. Folgst du diesem Pfad, wird dein Leid durch den Mangel an Einsicht und Verständnis unendlich sein …*«

Nein, er will auf keinen Fall als Tier wiedergeboren werden. Er denkt an alle die Tiere, die er verzehrt hat, und es überkommt ihn ein Grauen und eine tiefe Einsicht: Wenn er dem grünen Lichtpfad folgt, wird auch er gejagt, getötet, gefressen werden … ohne Hoffnung auf eine gute Wiedergeburt, ohne Hoffnung auf Einsicht und Erleuchtung!

Diese Einsicht bewahrt ihn, und er hält dem Schrecklichen um ihn herum stand.

1950 – Der alle Wünsche erfüllende Edelstein

Dorjee hatte trotz seiner Jugend Karriere in der Volksbefreiungsarmee gemacht. Die Zeit, da er noch ein armer Hirtenjunge gewesen war, war endgültig vorbei. Jetzt war er Mitglied der glorreichen Armee, die der Ungerechtigkeit ein Ende setzen würde. Er fühlte sich großartig. Nach den Lektionen über den Sozialismus und den großen Vorsitzenden Mao Zedong glaubte er fest daran, dass bald alle Ungerechtigkeiten enden würden, alle Ausbeuter und Unterdrücker bestraft und ein wahrer Himmel auf Erden geschaffen würde.

Nach der Kapitulation der tibetischen Armee rückte die Volksbefreiungsarmee allerdings vorerst nicht weiter in Tibet vor. Dorjee war darüber ein wenig enttäuscht, doch andererseits ging es ja an anderer Stelle voran: Eine Delegation der

Chinesen machte sich auf den Weg nach Lhasa, dem Sitz der Macht in Tibet, dem Sitz des Dalai Lama. Und er, Dorjee, würde ein Mitglied dieser Delegation sein.

Am 15. November erreichten sie Lhasa. Zahlreiche Würdenträger bereiteten ihnen einen ehrenvollen Empfang und führten sie zu einem großen Haus, offensichtlich dem eines reichen Adligen, wo sie Quartier bezogen.

Die Stadt pulsierte. Dorjee hatte nicht geahnt, dass so viele Menschen in Lhasa lebten. Die Straßen waren voller Leute – vor allem waren es Mönche aller Schulen: der Kagyü-Schule, der Nyingma, der Sakya und natürlich vor allem der Gelug-Schule, der auch der Dalai Lama angehörte. Dorjee wusste zwar nicht, worin sich diese Schulen unterschieden, doch er erkannte sie zumindest an den unterschiedlichen Bekleidungen.

Bald erfuhr Dorjee den Grund dafür, warum ganze Massen von Menschen durch die Straßen strömten. In zwei Tagen würde ein großes Ereignis stattfinden, währenddessen dem fünfzehnjährigen Dalai Lama neben der geistigen nun auch die weltliche Herrschaft über Tibet übertragen werden sollte.

Dorjees chinesische Kameraden machten sich lustig über den »kleinen Gott-König« und die tibetischen Traditionen, die allesamt doch nur rückständiger Aberglauben seien. Plötzlich fühlte Dorjee eine Verbundenheit mit Tibet, die er nie zuvor so gespürt hatte. War wirklich alles so schlecht? Ja, die Sklaverei und die Herrschaft der Adligen und der Klöster, das war nicht recht. Aber gab es nicht auch viel Gutes? Dorjee dachte an Sonam.

Wenngleich sich die Chinesen über die Mönche und den Dalai Lama lustig machten, blieben sie doch äußerlich freundlich. Ihr Befehl lautete, sich dem tibetischen Volk, aber auch den

Mitgliedern der tibetischen Regierung gegenüber respektvoll zu verhalten. Dorjee wurde von seinen Gefühlen hin- und hergerissen. Er fand es einerseits falsch, dass seine chinesischen Kameraden alles in Tibet verachteten. Er war schließlich auch Tibeter. Andererseits hätte er sich gewünscht, dass die ganze herrschende Klasse, die aus Ausbeutern und Volksfeinden bestand, sofort in Schimpf und Schande davongejagt würde. Er hatte die kommunistischen Lektionen völlig verinnerlicht.

Während Dorjee sich ein wenig in Lhasa umsah, musste er auf einmal an seinen Freund Sonam Tsering, den Mönch, denken, und sein Herz füllte sich mit Wehmut. Wie es ihm wohl ergangen war? Und was würde nun mit Sonam geschehen, wenn die Religion, das »Opium für das Volk«, abgeschafft würde? Dorjee hatte ein beklemmendes Gefühl bei dem Gedanken, dass vielleicht schon bald alle alten tibetischen Bräuche verschwunden sein würden. Er dachte an die Gruppe junger Mönche, die er damals, als Tashima so krank gewesen war, gesehen hatte. Er konnte sich genau daran erinnern, wie sehr er damals von ihrer Ausstrahlung beeindruckt gewesen war. Und immerhin hatte er ja tatsächlich selbst einmal mit dem Gedanken gespielt, Mönch zu werden wie Sonam. Die Vorstellung, dass Sonam seinen Lebensinhalt verlieren würde, wenn die Klöster aufgelöst würden, schmerzte ihn sehr. Sicher – es mussten Opfer gebracht werden, aber musste ausgerechnet Sonam ein Opfer sein? Immer wieder kehrten seine Gedanken zu seinem Freund zurück. Wie würde dieser staunen, wenn er ihn, Dorjee, jetzt sehen könnte, in seiner Uniform eines Soldaten der Volksbefreiungsarmee, die ihm wie angegossen passte. Wie gern hätte er Sonam getroffen. Was hätten sie sich alles zu erzählen! Es würde eine große und unvergessliche Feier werden, bei der der Dalai Lama nun auch die weltliche Macht empfangen würde – und Sonam, der sich so sehr gewünscht hatte, den Dalai Lama zu sehen, konnte nicht dabei sein.

Auf einmal war sich Dorjee nicht mehr so sicher, ob er wollte, dass alle Adligen und Mönche verjagt würden. Die Übeltäter, ja. Aber es gab schließlich auch Mönche wie Sonam und Adlige wie Ngapoi Ngawang Jigme. Das waren doch keine bösen Menschen! Hatte Sonam nicht gesagt, dass der junge Dalai Lama große Reformen im Sinn hatte? Wenn das stimmte, wäre das nicht vielleicht sogar besser als die Revolution?

Nein!, schalt er sich selbst. *Das sind konterrevolutionäre Gedanken!* Aber er sagte es sich nur halbherzig.

Die Verhandlungen sahen vor, dass der Dalai Lama und die tibetische Regierung weiterhin über die alltäglichen Dinge in Tibet bestimmen und dass sogar – vorerst – die Religion weiterhin frei ausgeübt werden durfte. Tibet aber würde in Zukunft ein Teil der Volksrepublik China sein. Leibeigenschaft und Sklaverei würden abgeschafft werden.

Es war jedoch beschlossen worden, mit den Verhandlungen erst dann zu beginnen, nachdem dem jungen Dalai Lama die weltliche Macht in Tibet übertragen worden war. Dorjee kannte den Grund dafür: Die Chinesen hofften, dass ein junger, unerfahrener Herrscher leichter zu beeinflussen sein würde als ein älterer, erfahrener Politiker.

Natürlich nahm eine chinesische Delegation an den Feierlichkeiten teil – und Dorjee war ein Teil dieser Delegation. Bei dem Gedanken, dass er nun wohl den Dalai Lama, die Gottheit Chenresig, den Bodhisattva des Erbarmens, noch vor

Sonam sehen würde, schlich sich ein bitteres Lächeln auf seine Lippen. Einerseits glaubte er nicht wirklich an die Heiligkeit oder gar Göttlichkeit des Bauernsohnes Lhamo Döndrub, der seit seiner Inthronisation als Dalai Lama *Jetsün Jampel Ngawang Lobsang Yeshe Tenzin Gyatso* – »Heiliger Herr, gütiger Herr, mitfühlender Verteidiger des Glaubens, Ozean der Weisheit« – hieß. Andererseits war er doch auch gespannt darauf, den *Yishin Norbu*, den »alle Wünsche erfüllenden Edelstein«, tatsächlich mit eigenen Augen zu sehen. Beinahe ebenso neugierig war er auf die rotgesichtige Langnase, die den seltsamen Namen Heinrich Harrer trug. Dieser Fremde unterrichtete angeblich den jungen Dalai Lama. Man sagte sogar, dass sie so etwas wie Freunde seien.

Unter der Führung eines alten, hochrangigen Mönchs im Gewand der Gelug-Schule betraten sie den Potala-Palast. So viel Pracht und Reichtum! Dorjee erinnerte sich an die Lektionen seiner chinesischen Lehrer: All dieser Reichtum war dem Volk gestohlen worden! Neugierig sah er sich um. Er hätte nie gedacht, dass es so viele Mönche gab. Allein im Palast waren es mehr, als Dorjee in seinem ganzen Leben gesehen hatte.

Plötzlich blieb ihm fast das Herz stehen und ihm stockte der Atem. War das nicht …? Er rieb sich die Augen. Tatsächlich, er täuschte sich nicht: Da stand, inmitten einer Gruppe Mönche, sein alter Freund Sonam Tsering!

Er wagte es nicht, laut zu rufen. Doch es war, als hätte sein Herz gerufen, denn Sonam hob mit einem Mal den Blick. Er riss die Augen auf und starrte ihn fassungslos an. Einige Sekunden standen die beiden wie erstarrt und sahen einander reglos an. Dann begannen sie, wie auf ein geheimes Zeichen hin, gleichzeitig zu lächeln. Dorjee vergaß für einen

Moment, dass Sonam zum »Klassenfeind« gehörte, und ging auf ihn zu. Sonam zögerte einen Moment, dann kam er ihm entgegen. Doch schlagartig wurden sich beide ihrer Lage bewusst und sahen, dass ihre jeweiligen Oberen sie verblüfft anstarrten. So blieben sie in einigem Abstand voneinander stehen und verneigten sich kurz, anstatt sich, wie früher, zu umarmen.

»Komm heute Abend in den Palubuk-Tempel!«, flüsterte Sonam und versuchte dabei, seinen Mund möglichst wenig zu bewegen. Dorjee nickte. Dann kehrten beide zu ihrer jeweiligen Gruppe zurück.

»*Zhe shi wo de lao pengyou*«, sagte Dorjee verschämt. »Das ist ein alter Freund.« Der Kommandant runzelte ein wenig die Stirn, schwieg aber. Es gab ohnehin genug anderes zu tun.

Und dann sah Dorjee zum ersten Mal den *Yishin Norbu*. Wie jung er doch war! Dorjee musste sich eingestehen, dass er beeindruckt war. Der junge Mann strahlte eine innere Kraft und Ruhe aus, wie es Dorjee noch bei keinem Menschen gesehen hatte. Für einen Augenblick glaubte Dorjee wieder. Ja, dieser Dalai Lama könnte vielleicht tatsächlich Tibet verändern. Doch es war zu spät. Die Veränderung war schon längst über Tibet gekommen.

Die Zeremonie war beeindruckend. Der junge Herrscher saß auf seinem Thron und lächelte, über ihm ein prachtvoller Teppich, der einen tibetischen Drachen zeigte. Hochrangige Mönche aus allen Klöstern und den verschiedenen buddhistischen Schulen warfen sich vor dem jungen Dalai Lama nieder – und das Erstaunliche war, dass das alles völlig natürlich wirkte. Dieser junge Mann zog alle Anwesenden in seinen Bann, selbst die chinesischen Abgesandten, die noch kurz zuvor über ihn gelacht hatten. Dorjee glaubte für einen Moment, dass es tatsächlich eine Gottheit war, die er vor sich sah.

Am Abend traf Dorjee seinen Freund Sonam am Palubuk-Tempel. Beide waren glücklich, einander wiederzusehen, wenngleich nun etwas zwischen ihnen stand, das ihnen unüberwindlich schien. Dorjee brachte es nicht über sich, mit Sonam über das notwendige Ende der Religion zu sprechen. Zugleich spürte Sonam nur zu schmerzlich, dass Dorjee, obwohl er sein Freund war, nun in einer anderen, ihm fremden Welt lebte. So war ihr Wiedersehen von einer spürbaren Traurigkeit überschattet.

Zum Abschied umarmten sich die Freunde, und Sonam sprach: »Mein lieber Dorjee, es wird wohl sehr lange dauern, bis wir uns wiedersehen – große Veränderungen werden geschehen. Ich bete zu Buddha, dass wir stets Freunde sein werden.«

Dorjee wunderte sich über diese Worte, die wie eine Prophezeiung klangen, doch er spürte, dass Sonam es ernst meinte.

Zwei Tage später wurde deutlich, was Sonam angedeutet hatte. Der Dalai Lama war in aller Heimlichkeit mit seinem Regierungsstab nach Dromo, einem Ort an der indischen Grenze, gezogen.

Das Tibet, das Dorjee als Kind gekannt hatte, gab es nicht mehr.

DIE VISIONEN DER SCHRECKERREGENDEN MÄCHTE

Der Beginn des Grauens

Sonam Tsering erwachte mit einem unguten Gefühl. Es dauerte einige Minuten, bis er sich klar darüber wurde, woher dieses Gefühl stammte. Dann wurde ihm bewusst, dass heute der Tag war, an dem seinem Freund die ersten der rasenden Gottheiten im Bardo begegnen würden. Dorjee war bislang mit den positiven Manifestationen seiner Seele konfrontiert worden – und war wohl vor ihnen geflohen oder hatte zumindest nicht zu dem Mitleid Buddhas Zuflucht genommen. Was ihm jedoch in den nächsten Tagen begegnen würde, war weitaus furchterregender: Die dunkelsten Seiten seiner schlechten Neigungen würden sich nun als wahrhaft schreckliche, rasende und blutlüsterne Gottheiten zeigen. Es würde Dorjee praktisch unmöglich sein, seine Furcht zu überwinden und Befreiung zu erlangen.

Der Lama seufzte tief. Sein Herz schmerzte, wenn er an das Leiden seines Freundes dachte, das sich nun wohl immer weiter fortsetzen würde – im Bardo des Werdens und dann in einem weiteren Kreislauf des Lebens.

Buddha Siddharta Gautama hatte die Vier Edlen Wahrheiten gelehrt: dass das Leben im Daseinskreislauf letztlich leidvoll, *Dukkha,* sei, dass die Ursachen von *Dukkha* Gier, Hass und Verblendung seien, dass mit dem Erlöschen dieser Ursachen das Leiden erlösche und dass der Edle Achtfache Pfad zum Erlöschen der Ursachen führe. *»Und dies ist die Edle Wahrheit über den Achtfachen Pfad, der zur Beendigung von Leiden führt: rechte Ansicht, rechte Entschlossenheit, rechtes Sprechen, rechtes Handeln, rechter Lebensunterhalt, rechte Bemühung, rechte Achtsamkeit, rechte Konzentration«,* rezitierte der Lama die Worte des großen Lehrers. Das war die Grundlage der Lehre – so einfach, so klar. Und doch: Woher kamen Gier, Hass und Verblendung ursprünglich? Wozu gab es den Kreislauf des Lebens?

Der Lama hatte sich sein Leben lang mit diesen Fragen beschäftigt und keine befriedigenden Antworten gefunden. Er hatte die Schriften der Christen, der Moslems, der Hindus und Daoisten studiert – doch hatte er dort mehr Fragen als Antworten gefunden. Ganz unbegreiflich war ihm die Vorstellung eines Herrscher-Gottes, der die Welt geschaffen hatte, der allwissend, allmächtig und voller Güte war und dennoch das Leiden zuließ – und die, die zu diesem Gott beteten, verehrten das Leiden geradezu. Nein, auch da lag für Sonam keine Antwort.

Als er merkte, wie ihn diese Gedanken verwirrten und unzufrieden stimmten, musste er lächeln: Ja, auch das war *Dukkha.*

Was Sonam in Buddhas Lehre am wichtigsten war und was sein Herz tief berührte, war die Bedeutung des Mitgefühls mit allen leidenden Wesen. Und dieses Mitgefühl empfand er nun für Dorjee. Es war Zeit, die Lesung fortzusetzen. Der Lama wusste, er durfte nicht in seinen Bemühungen nachlassen, dass Dorjee zumindest als Mensch wiedergeboren würde. Ohne Beistand würde Dorjee aufgrund seines schlechten Karmas womöglich als Tier, Hungergeist oder Dämon wiedergeboren werden. Das durfte nicht geschehen! Zumindest würde Sonam all seine Kraft aufwenden, um Dorjee zu helfen, die Visionen der kommenden Woche zu überstehen und ihn dann auf den richtigen Weg in den Mutterschoß zu leiten, aus dem er wiedergeboren würde.

»Dorjee, höre gut zu und lass dich nicht zerstreuen! Du hast die friedvollen Visionen gefürchtet und konntest nicht zu Einsicht kommen – nun musst du heute, am achten Tag, die ersten der schrecklichen Visionen erleben. Sammle deinen Geist und versuche, zur Einsicht zu gelangen: Alles, was dir aufscheint, kommt aus dir selbst! Erkenne das, und du wirst durch diese Einsicht in wunderbaren Umständen wiedergeboren.

Zunächst wird dir nun Buddha-Heruka erscheinen. Er ist furchtbar anzusehen, doch fürchte ihn nicht. Lass deine Angst los und du wirst befreit! …«

Vision des Buddha-Heruka

Dorjee hört das Raunen seines Freundes; ein Klang von überall und nirgends, von oben, unten, allen Richtungen und inmitten seines Kopfes. Es ist der Klang der vertrauten Stimme, die ihm Halt gibt. Die Worte, an die er sich erinnert, lassen ihn erschauern. *»Nun, Dorjee, hast du die letzte Möglichkeit, deine Furcht loszulassen – denn du kennst die wahre Furcht noch nicht.«* Dorjee weiß, dass er diese letzte Möglichkeit nicht genutzt hat. Wenn sein Freund recht hat, und das hat er ganz gewiss, wird er nun die »wahre Furcht« kennenlernen. Unvorstellbar, denn Dorjee hat sich bereits in den vorangegangenen Visionen zutiefst gefürchtet. Und jetzt soll es noch schlimmer werden?

»*Sammle deinen Geist und versuche, zur Einsicht zu gelangen: Alles, was dir aufscheint, kommt aus dir selbst!*« Dorjee versucht, sich an die Stimme seines Freundes zu klammern. Er will versuchen, das, was er sieht, nicht zu fürchten, und zu verstehen, dass all das Furchtbare aus ihm selbst kommt. »*… du wirst durch diese Einsicht in wunderbaren Umständen wiedergeboren …*«

Ja, das will Dorjee. Wiedergeboren werden, sich nicht im Nichts auflösen. Und sein Freund, der Lama, verspricht wunderbare Umstände – wenn es ihm, Dorjee, nur gelingt, die Furcht abzuwehren und alles als Projektionen des schlechten Karmas seiner Seele zu erkennen. Er nimmt sich fest vor, diesmal stark zu bleiben und der Angst zu widerstehen.

Er erinnert sich daran, wie Sonam ihn einst lehren wollte zu meditieren. Aber er hatte es abgelehnt und sich darüber lustig gemacht. Dorjee weiß aber noch, dass eine der ersten Übungen darin bestand, seine Konzentration ganz auf den Punkt in der Stirnmitte zu richten. Dorjee versucht das nun. Es ist schwierig, sich nicht ablenken zu lassen. Doch er wird ein wenig ruhiger. *Vielleicht wird es mir helfen, die Angst zu vergessen*, denkt Dorjee. *Vielleicht gelingt es mir wirklich, die Visionen als meine eigenen Projektionen zu erkennen. Ja, bestimmt gelingt mir das.* Als er merkt, dass er sich gar nicht mehr konzentriert, sondern nachdenkt, richtet er seine Konzentration wieder auf den Punkt in der Mitte seiner Stirn.

Eine Weile ist er tatsächlich ganz still, doch unheimliche Geräusche reißen ihn aus dem Versuch der Versenkung. Dorjee blickt um sich. Was ist es, was dort hinter den Hügeln und

Bergen mit tiefster Stimme zu lachen scheint? Dorjee sträuben sich die Haare. Alle Gedanken an Einsicht sind wie fortgeblasen, und als sich ein gewaltiger dreiköpfiger Riese hinter den Hügeln erhebt, sein Leib eine Masse aus Licht, mit Flammen als Haare, zischend und mit grausigem Gelächter, beginnt Dorjee zu ahnen, dass er in der Tat bisher die wahre Furcht nicht kannte.

Der gewaltige glanzvolle Buddha-Heruka läuft auf ihn zu, gellende Schreie ausstoßend, während die mit Blut gefüllte Schädelschale in einer seiner vielen Hände überschwappt. Dorjee hat sich nicht mehr unter Kontrolle. Er schreit und läuft, weiß nicht wohin, nur weg, er läuft und läuft und läuft, mit Grauen im Herzen. Er läuft den ganzen Tag, während ihn der lachende, schreiende Gott verfolgt.

Er weiß mit einem kleinen Teil seines Geistes, dass das, was er erlebt, eine Spiegelung des Hasses ist, den er in seinem Leben … wie lange ist das her! … kultiviert hat. Doch diese Einsicht ist nur eine winzige, leise Stimme im Dröhnen und Schreien um ihn herum. Der größte Teil von ihm ist reine Angst. Und so lange er auch wegrennt – der Angst und der Projektion seines Hasses kann er nicht entkommen.

1953 – *Der tibetische Chinese*

Tibet begann sich tatsächlich zu verändern, wenn auch langsam. Für Dorjees Geschmack sogar viel zu langsam. Von einer Herrschaft des Volkes konnte immer noch keine Rede sein. Die Mächtigen blieben an der Macht, die Armen arm.

Die tibetische Regierung schien sich mit China zu arrangieren: Eine Delegation reiste nach Beijing und unterschrieb im Mai das »17-Punkte-Abkommen zur friedlichen Befreiung

Tibets«. Darin wurde festgelegt, dass Tibet nunmehr Teil der Volksrepublik China sei, dass das bestehende politische System Tibets nicht verändert würde und insbesondere der Dalai Lama weiterhin seinen Status und seine Machtbefugnisse behielte. Weiterhin wurde beschlossen, dass die Religion und die Gebräuche Tibets bewahrt und die Klöster geschützt seien, dass das Bildungswesen und die wirtschaftliche Lage schrittweise entwickelt und verbessert würden. Schließlich einigte man sich auch darauf, dass kein Zwang ausgeübt und Tibet eigenständig Reformen durchführen würde und dass vor allem die Außenpolitik Tibets nunmehr Aufgabe der chinesischen Regierung sei.

Der Dalai Lama kehrte kurz darauf aus Dromo nach Lhasa zurück, und im Oktober telegrafierte die tibetische Nationalversammlung an Beijing und Mao Zedong, dass der Dalai Lama dem Abkommen zustimme.

Dorjee war mittlerweile fanatischer Kommunist und zutiefst enttäuscht. Im Grunde blieb praktisch alles so, wie es immer gewesen war. Die Leibeigenen waren zumeist arm und ohne Rechte, doch die meisten von ihnen klagten nicht, da ihnen die Religion ihren Platz zuwies. Die Adligen hingegen genossen ihre Privilegien im Bewusstsein, sie verdient zu haben. Das Land war im tibetischen Buddhismus vereint – doch Ausbeutung war Ausbeutung und ein herausgerissenes Auge blieb ein herausgerissenes Auge. Unter einer Revolution hatte Dorjee sich etwas anderes vorgestellt.

Seine Enttäuschung, seine Abenteuerlust und seine Neugier zogen ihn fort. Und so reiste Dorjee nach China und vervollkommnete auf der langen Reise in die Hauptstad Beijing sein Chinesisch. Und als er in Chongqing einen alten Lehrer kennenlernte, der nun nicht mehr unterrichten durfte, weil man ihn verdächtigte, mit den Imperialisten zu sympathisieren, begann er damit, heimlich bei ihm Englisch zu lernen. Der alte Lehrer wurde verdächtigt, Konterrevolutionär zu sein. Dafür gab es zwar keine Anhaltspunkte, außer dass er die Sprache der Imperialisten beherrschte, doch das war oft schon genug. Dorjee war zwar fanatischer Kommunist; sein Bedürfnis, Neues zu lernen, war jedoch stärker als sein Fanatismus. Auch konnte er bei Chen Yun Dao beim besten Willen keinerlei konterrevolutionäre Ansichten feststellen. Chen war vor vielen Jahren einmal in England gewesen. Dort hatte er zwar den Reichtum und die technischen Wunderdinge bestaunt, fühlte sich aber von der Unhöflichkeit und der Verachtung der Briten für alles, was Chinesisch war, zutiefst abgestoßen. Und so hatte Chen die Machtübernahme der Kommunisten begrüßt. Da er aber nun schon einmal die Sprache der Imperialisten gelernt hatte, war er froh, sein Wissen an einen so begabten Schüler weitergeben zu können.

Und so blieb Dorjee fast zwei Jahre lang in Chongqing, bevor er nach Beijing aufbrach.

In Beijing, dem Zentrum der kommunistischen Bewegung, der Hauptstadt der Volksrepublik, fühlte sich Dorjee in seinem Element. Er lernte schnell, war ehrgeizig, darüber hinaus ein guter Kommunist, und so fand er bald Freunde. Er knüpfte Beziehungen, die ihm nutzten, und stieg mühelos in eine höhere Klasse der klassenlosen Gesellschaft auf.

Als er achtzehn Jahre alt war, hatte er mehr erreicht, als er sich jemals erträumt hatte. Doch sein Ehrgeiz war noch lange nicht gestillt. Im Gegenteil. Denn so verhält es sich meistens mit den Wünschen: Mit jedem Wunsch, der in Erfüllung geht, werden neue Wünsche wach, und jeder erfüllte Wunsch hinterlässt eine Leere, die größer ist als die zuvor.

Dass der Weg nicht immer leicht war, spornte Dorjee erst recht an. Als Tibeter mit seiner dunkleren Hautfarbe war er den Kommunisten zunächst verdächtig. Und als zudem bekannt wurde, dass er die Sprache der Imperialisten beherrschte, wurde der Argwohn so groß, dass man ihn in ein Ausbildungslager schickte, um seine ideologische Standfestigkeit zu überprüfen und zu stärken.

Mehrere Tage wurde er von zunehmend strengeren Untersuchern befragt. Dorjee aber war nicht nur gut darin, Sprachen zu lernen. Er hatte auch die kommunistische Lehre vollkommen verinnerlicht und zitierte Marx und Mao besser als seine Befrager. Überzeugend legte er dar, wie er auf die Revolution gewartet hatte, wie lange er schon empört über die Unterdrücker, die Adligen und Klöster war, und er berichtete sogar freimütig von seiner persönlichen »Revolution« als Brandstifter im fürstlichen Palast. Immerhin war er ja auch der erste Dolmetscher gewesen, der die Kapitulation in Chamdo mit Gouverneur Ngapoi Ngawang Jigme, der nunmehr Delegierter der tibetischen Regierung war, ausgehandelt hatte. Es dauerte nicht lange, bis selbst die größten Kritiker von Dorjees revolutionärer Gesinnung überzeugt waren und seine Englischkenntnisse ihm zum Vorteil gereichten. Seine Karriere als Dolmetscher begann.

In Tibet hatten nun tatsächlich erste vorsichtige Reformen begonnen. Die Chinesen wurden von den meisten Tibetern freudig willkommen geheißen. Wenig verwunderlich waren vor allem der Adel und die Klöster skeptisch bis ablehnend, aber friedlich geblieben. Angesichts der Stimmung im tibetischen Volk wäre es unklug gewesen, allzu feindlich oder gar gewalttätig zu werden.

Adel und Klerus waren gegen jede Zusammenarbeit mit den Chinesen, wo immer sie sich vermeiden ließ. Und doch war der Dalai Lama im September 1954 zum Abgeordneten des Volkskongresses gewählt geworden und sollte nun Beijing besuchen. Dorjee spürte eine seltsame Aufregung in sich. Er glaubte nicht an die Göttlichkeit des Dalai Lama, und sein Leben hatte ihn gelehrt, die Religion zu verachten. Dennoch: Der junge Tenzin Gyatso hatte ihn mehr beeindruckt, als er es sich selbst eingestehen wollte. Und in seinem Herzen war er schließlich trotz allem noch Tibeter. Als Dorjee erfuhr, dass der Dalai Lama nach Beijing käme, hatte er alles in die Wege geleitet, um ihn sehen zu können. Das stellte sich als leichter heraus, als er gedacht hatte, denn Dorjee wurde als einer der Übersetzer gewählt, die an der Veranstaltung teilnehmen sollten. Dorjee war aufgeregt: Er würde nicht nur dem Dalai Lama erneut begegnen, sondern auch dem Großen Vorsitzenden Mao!

Der Dalai Lama war in Beijing! Er hatte sich gegen den Widerstand der Äbte von Sera, Drepung und Ganden und gegen die Mehrheit der Adligen durchgesetzt, die befürchteten, dass der junge Herrscher von den Kommunisten beeinflusst würde. Es war bereits bekannt, dass der Dalai Lama durchaus Sympathien für Mao Zedong hatte. Doch ihr Einspruch wurde ignoriert, und der Dalai Lama war mit einem Gefolge von fünfhundert Würdenträgern und Bediensteten abgereist.

Dorjee war als einer der drei Übersetzer, die die Veranstaltung begleiten sollten, benannt worden. Es bestand also die Möglichkeit, dass er zwischen Mao Zedong und dem Dalai

Lama übersetzte! Ihm zitterten die Knie, denn sein Chinesisch war nicht perfekt. Wie könnte er es da wagen … Als Dorjee dann den beiden anderen erfahreneren Dolmetschern den Vortritt lassen musste, fiel ihm ein Stein vom Herzen. Nun konnte er den Gesprächen folgen, ohne seine volle Konzentration auf einzelne Sätze richten zu müssen.

Der Dalai Lama betrat den Saal und mit ihm ein Teil seines Gefolges. Geschenke wurden überreicht. Reden wurden gehalten. Danach trug der Dalai Lama eine von ihm selbst verfasste Hymne vor, die Yang Gao, der älteste der Dolmetscher, übersetzte:

Oh Mao, großer Vorsitzender!
Deine Herrlichkeit und deine Taten
sind jenen Brahmas und Mahasammatas gleich,
den Schöpfern dieser Welt.
Oh ehrenvoller Mao, lang möge dein Leben währen!
Unser weites Land, schmerzbeladen, in Ketten und in Dunkelheit –
Du befreitest es mit deiner Herrlichkeit!
Unser Feind, der blutgetränkte Imperialist, viperngleich, des Teufels Abgesandter –
Du, der Vogel Roc, der die giftge Schlange nun besiegt. Mit dir sei die Macht!
Möge doch das Licht der Welt, unser großer Führer,
uns auf ewig leuchten!«

Dorjee staunte. Es war also alles andere als ein Gerücht, dass der junge Dalai Lama den Reformen sehr wohlwollend gegenüberstand, ja, dass er sich Mao und dem Sozialismus sogar verbunden fühlte. Dorjee sehnte sich mit einem Mal nach Tibet zurück. Tibet war seine Heimat. Er hatte ein wenig von der Welt gesehen und würde auch gern noch mehr davon erfahren. Doch Tibet … es gab kein Land wie Tibet. Wenn nun die ersehnten Reformen kamen, wenn die Ungerechtigkeit beseitigt würde – dann wollte er dabei sein.

Gerade fragte Mao den Dalai Lama, ob Tibet denn eine Nationalflagge besäße. Der junge Herrscher zögerte kurz, dann lächelte er sein unvergleichliches Lächeln und sagte einfach: »Ja.« Mao lächelte zurück und meinte: »Nun, so soll Tibet seine Flagge behalten und sie zusammen mit der Roten Fahne zeigen.« Der Dalai Lama schlug den Blick nieder, und es war ihm wohl anzusehen, dass er von dieser Antwort nicht begeistert war, denn Mao fügte aufmunternd hinzu: »Ach, das ist doch kein Problem. Ihr könnt eure Nationalflagge behalten.«

Der Dalai Lama lächelte. Es schien, als ob er und Mao sich gut verstünden.

Dorjee beobachtete es mit gemischten Gefühlen.

Der Dalai Lama besichtigte weitere chinesische Städte, und Dorjee reiste stets als Übersetzer mit. Im Winter war der tibetische Herrscher wieder in Beijing. Er feierte mit Mao Zedong, Zhou Enlai, Liu Shaoqi und Zhu De, den Helden der Revolution, das chinesische Neujahrsfest, nach der tibetischen Astrologie ein Jahr der Holz-Ziege. Die Vorzeichen schienen gut.

Dass der Schein oft trügt, zeigte sich jedoch bald. Vielleicht waren die chinesischen Sterne nicht für Tibet gültig. Dort nämlich begannen sich die Umstände zu ändern. Anfangs war die Begeisterung des tibetischen Volkes noch groß. Die Chinesen bauten Schulen und Krankenhäuser, die Lage der Sklaven und Leibeigenen verbesserte sich. Auch die Landreform, bei der die Ländereien der Klöster und Adligen auf die Leibeigenen aufgeteilt wurden, wurde vom einfachen Volk begeistert angenommen. Die Menschen glaubten fest daran, dass nun Gerechtigkeit in Tibet einkehren würde. Doch als die neuen Machthaber die Nomaden sesshaft machen, den Getreideanbau kontrollieren und Volkskommunen errichten wollten, schlug die Stimmung um. Noch während sich der Dalai Lama in Beijing aufhielt, begannen die ersten Unruhen, die von der Volksbefreiungsarmee, der VBA, niedergeschlagen wurden. Noch waren die Aufständischen nur im Osten, weit von Lhasa entfernt, wo die unbeliebten Reformen noch nicht umgesetzt worden waren.

Doch auch in Lhasa und den westlichen Regionen Tibets wurde es allmählich unruhiger. Die Adligen und Klöster verschafften ihren Sklaven und Leibeigenen ein wenig Erleichterung und impften ihnen gleichzeitig Angst vor und Hass gegen die Chinesen ein. Inzwischen war absehbar, dass die Revolution in Tibet keineswegs so friedlich wie geplant ablaufen würde.

Dorjee wurde mit der VBA nach Tibet geschickt, wo mehr Soldaten gebraucht wurden – und Übersetzer.

Vier Jahre nach seiner Abreise aus Tibet kehrte Dorjee in seine Heimat zurück.

Die Bluttrinker

Der Lama träumte wieder. Diesmal war er im Traum wach geblieben, so wie er es gelernt hatte. Er hatte Dorjee im Bardo gesehen: seine Angst, seine Flucht, seine Verzweiflung. Doch während er die Traumwelt im Klartraum in der Regel weitgehend formen und verändern konnte, hatte er in diesem Traum nur Macht über seine eigene Gestalt und seine Fähigkeiten. Er war zum Vogel geworden und durch das Chaos hindurch zu dem Fliehenden geflogen und hatte sich dann in seine vertraute Menschengestalt zurückverwandelt, um seinem Freund beizustehen und ihn zu beruhigen. Der Lama hatte den Eindruck, dass Dorjee ihn nicht wahrnahm. Sonam Tsering hatte seine ganze geistige Energie gebündelt, doch nur ganz kurz schien in seinem Freund eine Einsicht aufzublitzen, die sogleich wieder hinter den dunklen Wolken der Angst verschwand. Sonam wusste weder, ob dieser kurze Augenblick des Erkennens auf seinen Einfluss zurückging, oder ob es diesen kurzen Augenblick überhaupt gegeben hatte.

Der Lama erwachte. War er wirklich nur im Traum-Bardo gewesen? Oder hatte er eine Vision von Dorjee im Bardo der Dharmata gehabt? Sein Meister hatte ihn einst gelehrt, dass alle Bardos letztlich eins seien und dass sich das Traum-Bardo mit anderen Zeiten, Orten und Zuständen überlappen konnte.

Der Lama streckte sich und atmete tief durch. Was auch immer der Traum war und bedeutete: Für ihn stand fest, dass er weiter mit aller Kraft den schweren Weg seines Freundes begleiten und ihm beizustehen versuchen würde.

»Dorjee, heute ist der neunte Tag, den du im Bardo umherirren musst, da es dir bisher nicht gelungen ist, zu erkennen, dass alles, was du im Zwischenzustand erlebst, Projektionen deines Karmas sind, die aus dir selbst kommen. Halte ein! Lass die Angst los und erkenne, dass du ohnehin nicht vor dir selbst fliehen kannst! Verehre die Gottheiten, die dir erscheinen, denn sie sind aus dir heraus entstanden. Schließe Frieden mit den Rasenden – schließe Frieden mit dir …«

Vision des Vajra-Heruka

Für einen kurzen Augenblick hat Dorjee geglaubt, seinen Freund, den Rinpoche, leibhaftig vor sich zu sehen. Doch er ist sich beinahe sicher, dass das eine Täuschung war – ein Produkt seiner unsäglichen Angst vor den ihn verfolgenden, lachenden und schreienden Gottheiten. Und doch: Dieser Augenblick, und wenn er noch so kurz gewesen war, war tröstlich. Dorjee hat das Gefühl, ein wenig besser verstanden zu haben, was sein Weg durch den Bardo der Dharmata bedeutet.

Vom Verstand her hat er es längst begriffen: Alles, was er sieht, sind Projektionen seines eigenen Geistes. Er weiß das wohl, aber er kann es einfach nicht fühlen.

Im Moment graut es ihn nur davor, was als Nächstes auf ihn zukommt. Und es kommt. Dorjee hört die Mahnung seines Freundes, die durch die Welt und in seinem Kopf erklingt: *»Halte deinen Geist zusammen und versuche, zur Einsicht zu gelangen: Alles, was dir aufscheint, kommt aus dir selbst!«*

Wieder nimmt Dorjee sich vor, dem zu folgen. Er wappnet sich für das, was kommen mag, und wiederholt wie ein Mantra: ›Alles kommt aus mir selbst … alles kommt aus mir selbst …‹

Doch als der Erhabene Vajra-Heruka dann leibhaftig erscheint, mit drei Köpfen und sechs Armen, in denen er Waffen und eine Schädelschale voll Blut hält, schrumpft Dorjees Mantra zu einer Hülle aus leeren Worten zusammen. Er sieht den riesenhaften Gott und seine Gefährtin, hört ihre dröhnenden Stimmen und vergisst alles, was er sich vorgenommen hat. Immer noch murmelt er benommen sein Mantra: »Alles kommt aus mir selbst … alles kommt aus mir selbst …«, aber die Worte scheinen ihm nur noch wie sinnlose Laute. Er ist von einer unsagbaren Angst erfüllt und flieht, wenn da auch kein Ort ist, an den er fliehen könnte.

Alles, was ihn davon abhält, vollkommen den Verstand zu verlieren, ist eine leise, altbekannte Stimme, die ihn mahnt, warnt, ihn beruhigen will und wichtige Dinge sagt, die er nicht begreifen kann, da die Flut der Angst ihn gegen die Felsen seines Karma schmettert.

1956 – Auge um Auge

Die Lage in Tibet war angespannt, und die Situation verschärfte sich zunehmend. Nach dem Aufstand waren nicht nur in Lhasa, sondern überall im Land chinesische Soldaten zu sehen. Der Aufstand war schnell und blutig niedergeschlagen worden und hatte zur Folge, dass die »Befreier« nun allen Tibetern mit Misstrauen begegneten und längst nicht mehr so freundlich und hilfsbereit waren wie anfangs. Dies wiederum führte dazu, dass die Tibeter den Chinesen weniger offen begegneten. In der Bevölkerung wuchs allmählich das Gefühl, von einer Besatzungsmacht regiert zu werden. Die Stimmung wandelte sich langsam, aber stetig. Noch unterstützte zwar eine Mehrheit der Tibeter die Volksbefreiungsarmee, doch diese Mehrheit schrumpfte von Tag zu Tag.

Die Leibeigenen waren einerseits froh, nun nicht mehr an einen Grundherren und seine Willkür gebunden zu sein und das ihnen zugeteilte Land frei bewirtschaften zu können. Die geplante Einrichtung von Kollektiven und der »Vorschlag« der Chinesen, statt Roggen – den doch jeder Tibeter für die Nationalspeise *Tsampa* brauchte – nun Weizen anzubauen, stieß jedoch auf wenig Begeisterung. Die Nomaden-Hirten, die nun nach der Landreform sesshaft gemacht werden sollten, verweigerten sich allesamt. Der größte Widerstand kam indes erwartungsgemäß von den Adligen und den Klöstern. Schließlich waren sie ihrer Sklaven beraubt worden und mussten nun für alle Dienstleistungen bezahlen oder gar selbst arbeiten.

Dorjee war, wenn auch Tibeter, so doch zuverlässiges Mitglied der Volksbefreiungsarmee, und er gewann immer mehr an Einfluss. Bald wurde ihm die Aufgabe übertragen, die Indoktrination der Hirten und Nomaden voranzutreiben. Er wurde zum Kommandanten des Indoktrinationskomitees ernannt. Voller Stolz trug er diesen Titel und sein Rangabzeichen an seiner Uniform. Zu seinen Pflichten gehörte auch, an Prozessen gegen Adlige, die sich besonderer Grausamkeiten schuldig gemacht hatten, mitzuwirken. Diese Pflicht übernahm er nur allzu gern. Der Hass gegen die herrschende Klasse war in ihm immer noch höchst lebendig. Gleich der erste Prozess stachelte diesen Hass aufs Neue an: Der Adlige Gonpo Doring war angeklagt worden, Leibeigene grausam misshandelt zu haben. Einem dieser Armen hatte er sogar die Augen herausreißen lassen, nachdem er zuvor schon seine Hand verstümmelt hatte.

Dorjee war wie elektrisiert. Natürlich erkannte er den Namen sofort. Und auch an das Verbrechen konnte er sich nur zu gut erinnern. Zudem kannte er auch den blinden Zeugen, Tsering Wang Tuei. Dorjee trat zu ihm und sprach ihn an. Der Blinde zuckte zusammen, machte einen Schritt zurück und rief: »Dorjee Wangchuk!« Dann schüttelte er den Kopf. »Verzeiht einem Unglücklichen, Herr. Ich habe mich geirrt. Ich glaubte …«

»Nein, du hast dich nicht geirrt – ich bin es!«, rief Dorjee. »Und ich werde dafür sorgen, dass dir Gerechtigkeit widerfährt.«

Der Blinde schlug die Hände vor sein Gesicht.

Der Angeklagte, Gonpo Doring, wurde bleich. Dorjee sah ihn mit hasserfülltem Blick an. »Willst du es leugnen?«, schrie Dorjee. »Willst du leugnen, dass du meinen Vater misshandeln ließest und ihm seine Herde gestohlen hast? Nein, das kannst du nicht leugnen, denn mein Vater war dabei, als du diesem Mann hier die Augen genommen hast! Und ich weiß es, denn ich war dabei, als er aus unserer Jurte gezerrt wurde und habe ihn anschließend in deinem Kerker gesehen. Und all das nur, weil er heiraten wollte!«

Der Fürst sprang auf. »Er hatte zwei Schafe gestohlen! Er musste bestraft werden!«

Die chinesischen Soldaten, die den Wortwechsel mit großen Augen verfolgt, aber kaum ein Wort verstanden hatten, drückten den Fürsten unsanft zu Boden. »Du sitz! Antworte wenn Frage!« Auch wenn sie nun schon einige Jahre in Tibet waren, so sprachen die meisten Chinesen die Sprache kaum oder gar nicht.

Dorjee war kurz verunsichert, als er erfuhr, dass der Blinde ein Dieb gewesen war. Doch gleich hatte er sich wieder gefangen. Mit gefährlich ruhiger Stimme sagte er: »So, zwei Schafe. Natürlich: Da sind zwei Augen angemessen. Und was, meinst du, ist für den Raub von zwei Augen angemessen? Sag mir das, *Fürst*!« Das letzte Wort schleuderte Dorjee dem Angeklagten verächtlich entgegen.

Gonpo Doring senkte den Blick. Er ahnte, dass es nicht gut für ihn aussah.

»Ich meine, wir sind gerechter. Anstatt etwas viel Wertvolleres zu fordern, wollen wir nur Gerechtigkeit: Du hast zwei Augen genommen, also sollst du zwei Augen geben.«

Der Adlige warf sich zu Boden und heulte: »Ich bitte um

Gnade, Herr. Ich sehe meine Verfehlung ein, bitte seid gnädiger, als ich es war!«

Ein Mitglied der chinesischen Kommission trat zu Dorjee und flüsterte ihm ins Ohr: »Kamerad, wir sollten nicht auf das primitive Niveau der Ausbeuter herabsinken. Wir müssen doch ein Vorbild sein!«

»Ja, natürlich, Kamerad. Ich wollte diesem Abschaum nur Angst einjagen.«

Dorjee ließ Tsering seine Geschichte erzählen und übersetzte sie für seine Kameraden.

»… und als ein heiliger Lama ihnen befahl, mir das Augenlicht zu nehmen, dachte ich, dass es nichts Gutes an der Religion gibt«, beendete der Blinde seinen Bericht.

Ja, die Klöster – die wären als Nächste an der Reihe. Dorjee hatte nicht vergessen, dass es nicht nur der Fürst, sondern auch ein Lama gewesen war, der die grausame Strafe verhängt hatte.

»Willst du etwas zu deiner Verteidigung sagen?«, herrschte Dorjee den Fürsten an. »Aber sieh zu, dass du deine Lage nicht noch schlimmer machst!«

Der Angeklagte schüttelte stumm den Kopf.

»Wir werden über deine Untat beraten. Morgen wirst du das Urteil hören.«

Der Fürst wurde abgeführt.

»Und sieh dich noch einmal gut um, wer weiß, wie lange du es noch kannst!«, rief ihm Dorjee hinterher.

Am Abend wurde Dorjee gemeldet, dass ein Lama ihn zu sprechen wünsche. Dorjee runzelte die Stirn. Was konnte ein Mönch von ihm wollen?

Als der Mönch eintrat, stockte Dorjee der Atem.

»Dorjee!«, rief Sonam und ging mit ausgebreiteten Armen auf ihn zu. Dorjee zögerte kurz. Doch dann erschien ein breites Lächeln auf seinem Gesicht, das an den früheren Hirtenjungen erinnerte.

»Sonam, mein lieber Freund, wie lange ist es her, dass wir uns gesehen haben!«

»Viel zu lange! Ich bin so froh, dich gesund und in Tibet wiederzusehen. Mein lieber Freund, so vieles ist geschehen in so wenigen Jahren!«

»Nun ist die Revolution gekommen. Ist das nicht besser als die Reformen, von denen du geträumt hast?«

Sonam zuckte mit den Schultern. »Dorjee, ich weiß: Du hast schon immer die Ungerechtigkeit gehasst. Das verstehe ich gut. Doch Hass ist eines der Geistesgifte, vor denen uns Buddha gewarnt hat. Und auch die Unwissenheit …«

Dorjee lachte. »Aber es war nicht dein Buddha, der dafür gesorgt hat, dass es nun Schulen in Tibet geben wird, die nicht nur für Mönche und Reiche da sind!«

Sonam nickte bedächtig. »Ja, Dorjee. Dass es Schulen für alle Menschen geben wird, ist gut. Auch die Krankenhäuser, die die Chinesen bauen wollen, sind sicherlich ein großes Geschenk. Aber die Unwissenheit, von der ich spreche, wird nicht durch Schulen geheilt. Es ist Unwissenheit, wenn Menschen nicht wissen, dass Gier, Hass und Verblendung dazu führen, dass sie im Rad des Lebens immer und immer wieder im Kreis laufen und leiden müssen.«

Dorjee lachte wieder. »Oh, Sonam! Du klingst schon wie ein alter Lama. So viel Weisheit ist zu viel für einen armen Hirtenjungen. Ich halte mich lieber an die Dinge, die ich sehen und anfassen kann.«

Sonam stimmte in Dorjees Lachen ein. »Ja, Dorjee, vielleicht hast du recht. Zu viele Worte. Und übrigens – offenbar bin ich nun tatsächlich ein alter Lama. Stell dir vor: Unser alter Abt hat mich als *Trülku* erkannt! Ich bin die Reinkarnation des Lama Champa Chungne.« Er lächelte ein wenig verlegen. »Ich wusste es nicht, bevor es mir der Abt vor Kurzem gesagt hat.«

Dorjee hob die Augenbrauen. Was sollte er dazu sagen? Sonam, sein Freund Sonam, mit dem er aufgewachsen und gespielt hatte, wollte ein *Trülku,* ein wiedergeborener Lama, sein? Nun ja, wenn jemand über sein ganzes Leben hinaus weise und freundlich gewesen war, dann zweifellos Sonam. Doch war das Ganze nicht lediglich ein rückständiger Aberglaube? Ein Aberglaube, den die Kommunisten beenden und durch Gerechtigkeit und Vernunft ersetzen wollten? Dorjee beschloss, nicht weiter darüber zu sprechen.

Sonam wurde nun wieder ernst. »Dorjee, ich habe von dem Geistesgift des Hasses gesprochen. Dabei geht es nicht um Theorie und eigentlich auch nicht um Religion. Jeder von uns kann das verstehen, und sicher hast du auch selbst schon manches Mal erkannt, dass aus Hass nichts Gutes entsteht. Es entsteht immer nur neuer Hass.«

Ungeduldig schüttelte Dorjee den Kopf. »Der gerechte Kampf für die Befreiung unseres Landes ist wichtig und gut, und er wird vom Hass gegen Ausbeutung, Unterdrückung und Knechtschaft befeuert. Selbst der *Yishin Norbu,* der Dalai Lama …«

Sonam hob die Hand. »Dorjee, natürlich ist es gut, Ungerechtigkeit durch Gerechtigkeit zu ersetzen! Daher hat schon der 13. Dalai Lama mit Reformen begonnen. Ich gebe zu: Das geschah langsam, vielleicht zu langsam, doch es geschah ohne Hass. Und daher war es gut. Nun aber sind Chinesen statt Tibeter die Herren im Land. Du sprichst nur von der

Ungerechtigkeit. Sicherlich, die gab es. Doch ich habe in den letzten Jahren mit vielen einfachen Menschen gesprochen. Sie sehnen sich nach mehr als nach Schulen, Krankenhäusern oder mehr Reichtum. Sie lebten früher ein zufriedenes Leben, wenn es nicht gerade ein böser Mensch wie Gonpo Doring war, der über sie herrschte. Die meisten Adligen waren jedoch gute, aufrichtige Menschen. Die meisten Menschen, ob nun Leibeigene oder Fürsten, waren eins mit sich selbst und wussten, dass Buddha und die Heiligen über sie wachten.«

Dorjees Augen begannen zornig zu funkeln. Er wollte nichts hören von diesem Aberglauben, dem Opium des Geistes, mit dem das Volk unterdrückt wurde.

»Dorjee, ich will dich nur warnen: Hass ist ein gefährlicher Begleiter!«

»Ja, Sonam«, sagte Dorjee, und seine Stimme war wie ein geschliffenes Messer. »Ich will gut zu den Guten sein und gerecht zu den Übeltätern. So wird die Welt gerechter!«

Sonam sah Dorjee offen an. »Wäre es nicht besser, du wärest gut zu den Guten und gut zu den Übeltätern? So käme Güte in die Welt.«

Dorjee lachte, aber in seinem Lachen schwang Bitterkeit mit. »Du hast im Kloster gelernt, deine Worte gut zu gebrauchen, Sonam. Ich habe in der Armee gelernt, dass es auf die Taten ankommt. Was tut ihr Mönche in den Klöstern schon für die Menschen? Ihr arbeitet nicht und lasst euch von den arbeitenden Menschen durchfüttern. Das kann nicht immer so bleiben, denn auch das ist ungerecht.«

Sonam sah seinen Freund mitleidig und traurig an. »Ach Dorjee, glaubst du denn wirklich, dass Tibet ein glücklicheres Land sein wird, wenn ihr die Mönche auf die Felder schickt und die Klöster abreißt?«

»Unsinn. Davon redet doch niemand. Niemand will die Klöster abreißen!«

»Und doch befürchte ich, dass es so kommt, wenn erst einmal der Hass und die Gewalt überwiegen.«

»Das tun sie aber nicht!«, schrie Dorjee und ballte die Fäuste.

»Mir ist zu Ohren gekommen, dass du angeordnet hast, Gonpo Doring die Augen herausreißen zu lassen, wie er es bei diesem armen Leibeigenen tat. Ist das richtig?«

»Nun, und? Er bekommt nur, was er selbst getan hat.«

»Aber Dorjee, das ist eine schreckliche Tat. Niemand weiß das wohl so gut wie du. Und nun willst du genauso handeln wie dieser Mensch? Buddha helfe dir, das Üble dieser Tat einzusehen!«

Dorjee lachte wieder, doch es war ein hässliches Lachen. »Mach dir keine Sorgen, ehrwürdiger Lama – ich wollte ihn nur ein wenig Angst spüren lassen. Das zumindest hat er doch verdient. Wir Kommunisten sind nicht wie diese Barbaren!«

Sonam neigte den Kopf. »Ich danke dir, Dorjee.«

»Du musst mir nicht danken. Da gibt es nichts zu danken. Aber warum setzt du dich überhaupt für diesen Kerl ein?«

»Weil er ein Mensch ist, der leidet wie wir alle.«

»So, tatsächlich? Ich glaube eher, dass du auf der Seite der Ausbeuter stehst. Ich habe nicht vergessen, dass an dem Verbrechen an Tsering Wang Tuei auch ein Lama beteiligt war.«

»Ach Dorjee, lass dich nicht von Hass und Unwissenheit verleiten …«

»Ich lasse mich überhaupt nicht verleiten«, schrie Dorjee. »Auch nicht von einem Lama, der einmal behauptet hat, mein Freund zu sein.«

Sonam sah ihm tief in die Augen. Er erblickte nur Wut darin. Weitere Worte hatten keinen Sinn. Er verneigte sich förmlich und ging.

Dorjee stand eine Weile da. Allmählich ließ seine Wut nach. Er wollte Sonam zurückrufen. Schon bereute er seine harten Worte ein wenig. Sonam war doch stets ein guter Freund gewesen. Doch als er schließlich rufen wollte, war Sonam schon zu weit entfernt. Nachlaufen würde er ihm nicht – doch sein Herz war voller Trauer.

Die blutgefüllten Schädel

Sonam Tsering fühlte sich voller Kraft und Hoffnung für seinen Freund. Er war Dorjee erneut im Traum-Bardo begegnet. Wieder war es ihm nicht vollends gelungen, sich Dorjee zu zeigen. Doch diesmal hatte Dorjee einen Moment lang gezögert. Der Lama hatte deutlich erkannt, wie für einige Augenblicke die Angst aus den Augen seines Freundes wich und Erstaunen Platz machte. Es war zwar nur ein kleiner Augenblick gewesen, doch es war sicherlich keine Täuschung.

Der Lama beobachtete seine Gedanken und fragte sich, ob letztlich nicht alles Täuschung war: Sonam Tsering betrachtete seinen Geist leidenschaftslos, folgte seinen Wünschen und Neigungen und kam zu dem Schluss, dass sein Traumerlebnis kein von seinen Wünschen erzeugtes Trugbild war. Doch was war es dann? War es wirklich eine Vision Dorjees im Bardo der Dharmata?

Der Lama beschloss, nicht weiter darüber nachzudenken, da Gedanken ihn einer Antwort wie so oft nicht näherbringen konnten. Stattdessen wollte er handeln, so wie es ihm richtig erschien, mit seinem Herz voll Mitgefühl für seinen Freund und mit seinem Wissen, um ihm beizustehen.

Er begann zu lesen:

»Dorjee Wangchuk, versuche, mit aller Aufmerksamkeit zuzuhören und zu verstehen! Du bist nun schon neun Tage im Bardo der Dharmata umhergeschweift, ohne Einsicht zu finden. Besinne dich – noch ist Zeit! Werde dir bewusst, dass der Erhabene Ratna-Heruka, der dir als Manifestation deines von Stolz beschwerten Karmas erscheint, nicht zu fürchten ist. Du selbst bringst alle Erscheinungen hervor! Erkenne dies und du wirst Befreiung erlangen …«

Vision des Ratna-Heruka

Dorjee erinnert sich, dass ihm, kurz bevor die Vision des Vajra-Heruka verschwand, als seine Angst am übermächtigsten war, für einen Moment sein alter Freund, der Lama Sonam Tsering, in seiner Menschengestalt erschienen war. Für diesen kurzen Moment hatte ihn seine Angst verlassen, und für einen Augenblick hatte er geglaubt zu verstehen, warum seine Angst vollkommen unnötig war. Doch bevor er ganz verstehen konnte, war der Lama wieder verschwunden, und die Angst hatte ihn erneut wie eine Schneelawine überrollt.

Dorjee versucht das Gefühl, das er beim unerwarteten Erscheinen seines Freundes hatte, wieder in sich wachzurufen. Doch es gelingt ihm kaum, denn allmählich kriecht wieder die Angst in ihm hoch. Er erwartet eine weitere schreckliche Vision, doch er will keine Angst mehr haben. Er wiederholt das Mantra »Alles, was ich fürchte, sind Projektionen meines eigenen Geistes. Es kommt aus mir selbst, ich muss keine

Angst haben«. Doch er ahnt schon, dass sein Verstand der Angst weichen wird, sobald sich die nächste Vision des rasenden Ratna-Heruka manifestiert – und das zu Recht.

Aus der Dunkelheit erhebt sich der dreiköpfige Gott, riesenhaft, in seinen Händen hält er Waffen und wieder das, was Dorjee das größte Grauen bereitet, eine Schädelschale. Und seine ebenso riesenhafte Gefährtin reicht ihm eine Schale voll Blut, das er mit lautem Schlürfen trinkt. Das Blut läuft an seinem Mund herab, der sich zu einem schrecklichen Lachen verzieht. Und als er sich auf seinen vier Beinen Dorjee mit blutrünstigem Blick nähert, verstummt auch der letzte klare Gedanke, und Dorjee flieht schreiend.

Die Götter dröhnen, doch durch dieses Dröhnen hindurch klingt eine Stimme.

»Halte ein, Dorjee! Lass die Angst los – du kannst nicht vor dir selbst fliehen! Verehre die Gottheiten, die dich zu verfolgen scheinen. Schließe Frieden mit den Rasenden – schließe Frieden mit dir …«

Die Stimme wird klarer, und mit der Klarheit der Stimme verliert Dorjees Angst ein wenig ihre Macht über ihn. Er sieht eine Gestalt, die sich ihm in den Weg stellt, kleiner als die rasenden Gottheiten und nicht bedrohlich. Dorjee erkennt seinen Freund, den Lama. Wie ist er in die Zwischenwelt gelangt? Für einen Moment überwiegt das Staunen die entsetzliche Furcht. Sogleich aber kommt eine neue Welle der Panik: Sein Freund kann nicht leibhaftig hier sein, er muss eine Illusion sein. Diese Täuschung ist sicherlich eine Teufelei, die ihn noch mehr erschrecken soll. Und doch hält ihn der Anblick des Freundes, sei er nun tatsächlich anwesend oder nur eine Illusion, davon ab, ganz und gar in bodenloser Angst zu versinken.

Nun steht er der Gestalt direkt gegenüber. Der Lama sieht

ihn mit mitleidsvollem Blick an und legt ihm die Hände auf die Schultern.

»Dorjee, ich bin aus dem Traum-Bardo zu dir gekommen, um dich anzuleiten. Fürchte dich nicht.«

Zitternd hält Dorjee inne. Hinter ihm droht immer noch der riesige Ratna-Heruka, zähnefletschend und bluttriefend.

»Sonam Tsering, Rinpoche, steh mir bei«, ruft Dorjee mit brüchiger Stimme. »Ich halte die Angst nicht mehr aus!«

Der Lama sieht ihn liebevoll an. »Dorjee, mach dir bewusst, dass das Schreckliche, vor dem du dich fürchtest, eine Projektion deines Karma ist.«

Dorjee wirft einen Blick auf seine Verfolger. »Siehst du nicht das Blut und den grausamen Blick?«

»Dorjee, du fürchtest dich vor dem, was du getan hast. Es ist vergangen und ist nun dein Karma, das es dir schwer macht, Einsicht zu erlangen. Doch lass die Angst los. Selbst jetzt ist es noch möglich, dass du Befreiung erlangst.«

Indem Sonam »Befreiung« sagt, verblasst er. Dorjee fürchtet sich vor der Befreiung. Und nun ist der rasende Ratna-Heruka ganz nah, Blut tropft aus der Höhe auf Dorjee nieder, und die Angst ist wieder sein Gebieter. Er läuft weg, so schnell er kann, und kann doch nicht schneller sein als seine Angst.

1958 – Die Flucht

Seinen Vater hatte Dorjee nicht mehr gesehen, seit er vor sieben Jahren losgezogen war, um Soldat zu werden – Soldat der tibetischen Armee. Und nun war er Soldat der chinesischen Volksbefreiungsarmee, gegen die er doch eigentlich kämpfen wollte. Wann immer er an seinen Vater dachte, verspürte er Gewissensbisse. Was, wenn Vater inzwischen gestorben war?

Oder wenn er ihm nie verziehen hatte, dass er entgegen seinem Gebot fortgelaufen und dann auch noch chinesischer Soldat geworden war? Er hatte in den letzten Jahren nicht sehr häufig an seinen Vater gedacht. Und obwohl er nun schon lange wieder in Tibet war, hatte er einen Besuch immer wieder herausgeschoben. Dass er sich letztlich vor dem Wiedersehen fürchtete, hätte er sich allerdings niemals eingestanden.

Von Tag zu Tag wurden die Gedanken an seinen Vater jedoch stärker, während seine Ausreden immer schwächer wurden. So setzte Dorjee sich eines Tages kurz entschlossen auf ein Armeemotorrad und raste über staubige Straßen dem Ort entgegen, an dem er seine Kindheit verbracht hatte.

Es dauerte eine ganze Weile, bis er seinen Vater fand. Die Jurte der Wangchuks stand nicht mehr, wo sie früher gestanden hatte. Als Dorjee ehemalige Dorfbewohner befragte, erfuhr er, dass die Chinesen neue Häuser gebaut hatten. Wahrscheinlich lebte sein Vater in einer dieser neuen Siedlungen. Der kleine Ort, der Dorjee einst so groß erschienen war, war mittlerweile gewachsen. Neue, große und fremdartige Gebäude hatten den Ort erweitert. Aber schöner war er durch die nüchternen Bauwerke nicht geworden. Sie waren zu einförmig, vermittelten keine Geborgenheit, sondern wirkten nur zweckmäßig. Dorjee konnte sich nicht vorstellen, dass sein Vater gerne dort lebte.

Nach längerer Suche stand Dorjee schließlich vor der Tür der Wohnung, in der sein Vater leben sollte. Er stand dort eine Minute, zwei Minuten … Endlich rang er sich dazu durch zu klopfen. Er hörte eine gedämpfte Stimme, Schritte – und dann öffnete sich die Tür.

Einen kurzen Moment, der ihm wie eine Ewigkeit erschien, starrte sein verwirrter Vater ihn regungslos an. »Dorjee!«, rief er schließlich und breitete die Arme aus. »Dorjee, mein Sohn!

Ich dachte, du wärst bei den Soldaten umgekommen. Und nun stehst du hier vor mir! Ach, was für ein Wunder. Mein altes Herz ist wieder glücklich.«

Dorjee stiegen die Tränen in die Augen. Alle seine Befürchtungen waren unnötig gewesen. Vater lebte! Und er hasste ihn nicht, sondern freute sich darüber, ihn wiederzusehen! Dorjee konnte kaum sprechen; er hatte einen Kloß im Hals. »Verzeih mir, Vater«, brachte er schließlich mühsam heraus.

»Es gibt nichts zu verzeihen. Nun komm doch herein, mein Sohn.«

Die Wohnung war größer als die Jurte. Alles war aufgeräumt und sauber, und aus einem Wasserhahn kam frisches Wasser. Und doch konnte Dorjee sich nicht vorstellen, dass sich sein Vater hier wohlfühlte. Ausgerechnet er, der die Freiheit des Hirten immer über alles geschätzt hatte!

»Die Chinesen meinen, es wäre besser so«, sagte sein Vater leise, als hätte er Dorjees Gedanken gelesen. Dorjee verstand, was er meinte: Er wäre lieber in der kleinen Jurte geblieben, doch die Chinesen hatten sich durchgesetzt. Schuldbewusst dachte Dorjee daran, dass es ja nun ausgerechnet seine Aufgabe war, die Hirten und Nomaden davon zu überzeugen, dass es besser sei, sesshaft zu werden. Zum ersten Mal kamen ihm Zweifel. Doch darüber wollte er jetzt nicht nachdenken. Es gab so viel zu erzählen.

Und so saßen Vater und Sohn zusammen und sprachen viele Stunden miteinander. Beinahe war es wie früher. Es war hauptsächlich Dorjee, der erzählte: wie er Soldat gewesen war und Chinesisch gelernt hatte, wie er von den Chinesen gefangen genommen wurde, wie er mit dem Gouverneur die Friedensverhandlungen geführt hatte, nach Beijing gereist und Englisch gelernt und schließlich sogar dem großen Vorsitzenden Mao und dem Dalai Lama höchstpersönlich begegnet war. Und natürlich sprach er auch ausführlich von den Segnungen der kommunistischen Revolution.

Sein Vater staunte, fragte nach, nickte und lächelte. Als Dorjee den Dalai Lama erwähnte, riss Jamyang Wangchuk die Augen auf und unterbrach den Redefluss seines Sohnes.

»Was? Du hast mit Seiner Heiligkeit selbst gesprochen?« Seinem Vater standen Tränen in den Augen. »Welche Ehre für unsere Familie! Ich bin so stolz auf dich. Gelobt sei Buddha!«

Irritiert schüttelte Dorjee den Kopf. »Ach, er ist doch auch nur ein Mensch wie wir. Er ist sicher ein guter und freundlicher Mensch, aber andererseits ist auch er Teil der Unterdrückung, unter der wir Tibeter so lange leiden mussten!«

Vater kniff den Mund zu einer schmalen Linie zusammen. »Dorjee, es ist nicht recht, dass du so über Seine Heiligkeit sprichst. Es gehört sich nicht. Es ist eine Sünde.«

Dorjee lachte höhnisch. Auf einen Schlag war die gute Stimmung verflogen. »Verteidigst du jetzt etwa die Mönche? Hast du Tsering Wang Tuei vergessen? Es war nicht nur ein Fürst, sondern auch ein Lama, der das erbarmungslose Urteil über ihn gesprochen hat! Ich sage dir, die Religion ist ein betäubendes Gift, das die Mächtigen an das Volk verfüttern, damit es ruhig bleibt.«

»Dorjee, ich verbiete dir, so zu reden. Wie kannst du so leichtfertig über Buddha, die Lamas und die heilige Ordnung der Dinge sprechen? Hast du das vielleicht bei den Kommunisten gelernt? Oh Dorjee, die Chinesen haben deinen Verstand verwirrt!«

»Nein, Vater, im Gegenteil: Sie haben die Verwirrung vertrieben. Und die Mönche, diese Schmarotzer, werden schon sehr bald ebenfalls aus ihrem Nichtstun vertrieben werden!«

Jamyang war bleich geworden. »Dorjee, ich bitte dich, komm zur Besinnung. Dass die Leibeigenen nun frei sind, ist zweifellos gut. Und vielleicht ist es sogar gut, dass ich in diesem Steinbau leben muss, wer weiß. Aber wenn die Chinesen Tibet die Religion nehmen wollen, dann ist das nicht mehr gut, sondern ein Verbrechen. Buddha wird uns beschützen!«

»Nun, wenn Buddha die Mönche beschützt, muss sich ja niemand Sorgen machen. Aber ich sage dir: Mao ist größer als Buddha!«

Vater wurde ganz still und senkte den Kopf. Dann sagte er leise: »Dorjee, ich bin so froh, dass du lebst, und ich will nicht mit dir streiten. Aber ich kann es nicht gestatten, dass du solche Reden in meinem Haus führst. Besser du gehst jetzt, und wir sprechen an einem anderen Tag.«

Dorjee verneigte sich knapp, dann stürmte er aus der Wohnung. In ihm brodelten widerstreitende Gefühle.

Zwei Wochen später erreichte ihn die Nachricht, dass sein Vater plötzlich gestorben war. Der Termin für die Totenzeremonie war bereits von einem Lama festgelegt worden. Doch Dorjee wollte nicht daran teilnehmen. Er wollte nicht sehen, wie Mönche um den Leichnam seines Vaters herum ihren rückständigen Aberglauben zelebrierten. Auch bezweifelte er, dass er sich dann noch beherrschen könnte. Und so schwer es ihm auch fiel, seine Verwandten vor den Kopf zu stoßen, so wollte er doch keinesfalls Teil eines religiösen Kultes sein.

Also blieb Dorjee in Lhasa und weinte im Stillen bittere Tränen über den Vater, mit dem er sich nun niemals mehr versöhnen konnte.

Schon wenig später kam ihm etwas zu Ohren, das ihn beinahe ebenso erschütterte wie der Tod seines Vaters: Sonam

Tsering war gekommen, hatte Dorjee entschuldigt und seine Stelle vertreten und für den Vater zudem das Bardo Thödol, das Tibetische Totenbuch, gelesen. Und um die Demütigung vollständig zu machen, hatte er erzählt, dass er, Dorjee, schwer erkrankt sei, und ihn, den jungen Lama und Freund, geschickt hätte. In Dorjee kämpften Wut und Scham miteinander, und keines dieser Gefühle gewann die Oberhand – wohl aber verbündeten sie sich gemeinsam gegen Dorjee und vergifteten seine Seele.

Dorjee stürzte sich in der folgenden Zeit verbissen auf seine Aufgaben. Sein Herz jedoch war nicht mehr ganz dabei. Auch dass es mit der Landreform nicht recht voranging, vor allem nicht, was die Nomaden betraf, machte ihn zunehmend reizbar. In den östlichen Regionen Kham und Amdo war es zu Aufständen gekommen, sodass weitere chinesische Soldaten nach Tibet beordert wurden. Wann immer es einen Aufruhr oder einen Anschlag gab, führten die Chinesen drastische Strafaktionen durch, von denen nun häufiger die Klöster betroffen waren.

Die ersten Unruhen gab es im Osten, doch der aufziehende Sturm kam Lhasa immer näher. Zu Beginn des Jahres 1959 war es zwar dort noch relativ friedlich, doch die aufkeimende Bedrohung lag bereits spürbar in der Luft.

Die Stimmung schlug schließlich endgültig um, als ein chinesischer Offizier damit drohte, im Falle eines Aufstandes den Potala-Palast zu zerstören und den Dalai Lama festzusetzen. Zunehmend wurden die Chinesen allgemein nicht mehr als Befreier, sondern als Eindringlinge angesehen. Noch gab es keinen öffentlichen bewaffneten Aufstand, doch die Tibeter, allen voran die Mönche und die Adligen, sammelten und versteckten Waffen.

Und eines Tages kam es zu dem Ereignis, das das Fass überlaufen ließ und Tibet für immer verändern sollte.

In Lhasa, der heiligen Stadt und dem Wohnsitz des Dalai Lama, befand sich seit einiger Zeit das Hauptquartier der Volksbefreiungsarmee. Anfang März, der Dalai Lama war, wie jedes Jahr, bereits in den Norbulinka, seine Sommerresidenz, umgezogen, verbreitete sich das Gerücht, dass er von den Chinesen entführt werden sollte. Er hatte zuvor eine Einladung zu einer Theaterveranstaltung im Hauptquartier erhalten. Zunächst wurde dieser Termin verschoben, da der Dalai Lama gerade seine Abschlussprüfungen zum *Geshe*, zum buddhistischen Gelehrten, ablegte. Am 10. März sollte die Veranstaltung im Hauptquartier stattfinden. Schon bald verbreitete sich die Nachricht von der Einladung in ganz Lhasa von Mund zu Mund – und mit jeder Weitergabe wurde eine Kleinigkeit hinzugefügt, bis Tausende von Tibetern davon überzeugt waren, dass die Entführung, wenn nicht gar Ermordung des *Kundün* für diesen Tag geplant sei. Die Empörung wuchs. Aus ganz Tibet strömten Menschen nach Lhasa, um den Gottkönig zu schützen.

Mittlerweile waren in der Residenz geheime Vorbereitungen im Gange. Offiziere der tibetischen Armee besprachen die Lage und entwickelten einen Plan, den Dalai Lama, wenn es gefährlich würde, über einen von der Leibwache des *Kundün* gesicherten Fluchtkorridor zu evakuieren. Jeden Tag schafften vertrauenswürdige Soldaten Gold und Kunstschätze im Wert von vielen Millionen Dollar an die Grenze zu Indien, wo der Dalai Lama, wenn es denn wirklich zum Äußersten käme, Zuflucht und Asyl suchen wollte.

Als nun der Tag der Aufführung gekommen war und der Dalai Lama aufbrach, hatten sich dreißigtausend Tibeter um den Norbulinka-Palast versammelt, um ihren Gottkönig daran zu hindern, sich den Chinesen auszuliefern. Viele warfen sich vor ihm zu Boden und flehten ihn an, sich nicht in die Hände der Ungläubigen zu begeben. Tenzin Gyatso versuchte, die Menschen zu beruhigen, sah sie mitleidsvoll an – und kehrte schließlich in seine Residenz zurück.

Dorjee beobachtete diese Vorgänge mit Sorge. Es bedurfte keiner prophetischen Gabe, um zu erkennen, dass die Situation zu eskalieren drohte. Dass der Dalai Lama die Einladung der Chinesen ausgeschlagen und die neuen Herren im Land damit vor den Kopf gestoßen hatte, beruhigte die Lage nicht gerade – ganz im Gegenteil. Dorjee plagten düstere Vorahnungen.

Am Abend des 12. März bekam er unerwarteten Besuch.

»Dorjee, ich muss mit dir sprechen.«

Dorjee schwieg. Er wusste nicht, wie er sich Sonam gegenüber verhalten sollte. War Sonam noch sein Freund? Gleichzeitig spürte er Wut und Scham – wie hatte Sonam es nur wagen können, sich in die Totenzeremonie für seinen Vater einzumischen? Vielleicht hatte er aus Berechnung gehandelt und wollte nun die Schuld bei Dorjee einfordern. Aber Dorjee würde sich nicht manipulieren lassen. So nickte er schließlich nur kurz. »Nun, dann sprich, Mönch.«

Sonam sah ihn traurig an. »Dorjee, wir sind doch beide Tibeter …«, begann er.

Ungeduldig unterbrach ihn Dorjee. »Wir sind beide Bürger der Volksrepublik China. Ja, wir sind auch Tibeter. Aber wenn wir gegen die Unterdrücker und Imperialisten kämpfen, sind wir mehr als einfache Tibeter. Wir sind Teil einer großen Bewegung …«

Sonam hob die Hand, und erstaunlicherweise unterbrach Dorjee seinen Vortrag. »Dorjee, ich weiß, wie sehr dir die Gerechtigkeit am Herzen liegt. Und sicher willst auch du kein Blutvergießen. Doch wenn dem *Kundün* etwas zustößt, werden sich die Tibeter gegen China erheben.«

»Schweig, Mönch!«, schrie Dorjee plötzlich. »Willst du mir drohen? Niemand hatte vor, deinem wunderbaren Gottkönig etwas anzutun oder ihn zu entführen. Auch wenn er kein Gott ist und nun auch nicht mehr König spielen darf. Wenn es zu Blutvergießen kommt, so ist es allein die Schuld von euch Mönchen, die das Volk aufwiegeln. Wo ist sie denn plötzlich, die Gewaltlosigkeit, die Buddhisten immer predigen?«

»Ach Dorjee, lass nicht den Hass für dich sprechen. Niemand von uns will Ungerechtigkeit – schon gar nicht der Dalai Lama. Immerhin ist er sogar Mitglied der Volksversammlung in Beijing geworden. Aber seid doch einsichtig und nehmt den Menschen nicht ihre Religion. Ein Kampf zwischen Tibetern und Chinesen würde sehr viele Menschen das Leben kosten. Ich bitte dich nur, die richtigen Entscheidungen zu treffen. Tibet ist ein Teil der Volksrepublik – natürlich. Aber es ist doch völlig unnötig, Tibet zu demütigen.«

Dorjee schüttelte den Kopf. Er hatte sich wieder ein wenig beruhigt. »Sonam, mein alter Freund, es liegt doch nur an euch. Ich habe erfahren, dass sich die Mönche bewaffnen. Ist es etwa das, was Buddha will?«

Betroffen blickte Sonam zu Boden. »Nein, es ist nicht gut, was sie tun. Ich bin vollkommen dagegen. Auch der Dalai Lama will keinen Kampf und keine Gewalt. Aber wenn die Chinesen den Menschen ihre Religion rauben wollen, dann werden sie unberechenbar. Dann kann sie niemand aufhalten, nicht einmal der *Kundün* selbst. Ich bitte dich, versuche, das deinen Kameraden deutlich zu machen. Würde es denn der Gerechtigkeit dienen, wenn ihr die Menschen, die ihr befreien wollt, töten würdet?«

Dorjee dachte eine Weile nach. »Sonam, ich verstehe dich, und sicher wirst du mir glauben, dass ich keinesfalls möchte, dass Menschen sterben. Doch so wenig wie du die Mönche entwaffnen kannst, kann ich die Revolution aufhalten. Ich kann dir nur eines versichern: Es werden nicht die Chinesen sein, die als Erste schießen. Warum spricht euer Dalai Lama kein Machtwort? Ich weiß, dass er ein guter Mensch ist, der eine starke Ausstrahlung hat. Wenn er so heilig ist, wie du sagtst, dann sollten die Menschen doch auf ihn hören!«

Sonam schlug die Augen nieder. »In den alten Zeiten gab es viel Ungerechtigkeit, aber auch viel Weisheit. Die Revolution hat gute Absichten, aber wenig Weisheit. Versprich mir eines, Dorjee: dass du nicht auf Tibeter schießen wirst.«

Dorjee schwieg eine Weile. Schließlich nickte er entschlossen. »Ja, das will ich dir versprechen.« Nach einer Pause fügte er hinzu: »Wenn es sich vermeiden lässt.«

Sonam trat zu Dorjee und öffnete seine Arme. Dorjee zögerte kurz, doch dann umarmten sich die Freunde wie in alten Zeiten, auch wenn diese unwiederbringlich vorbei waren.

Die Ereignisse spitzten sich dann in rasender Geschwindigkeit zu. Immer mehr Tibeter begannen zu protestieren und die Unabhängigkeit Tibets zu fordern. Was zuvor nur eine vage Stimmung gewesen war, wurde nun von den Protestierenden unverblümt ausgesprochen: Die Chinesen sollten Tibet verlassen. Je schneller, desto besser.

Straßen wurden blockiert, sodass die chinesische Armee sich nicht frei bewegen konnte. Die chinesischen Offiziere wurden nervös. Es war nicht klar, was die Tibeter planten. Vereinzelt hatten Rebellen schon Chinesen angegriffen. Aber würden sie wirklich einen bewaffneten Aufstand wagen, den sie doch auf keinen Fall gewinnen konnten? Immer wieder schärften die Offiziere ihren Soldaten ein, keinesfalls das Feuer zu eröffnen. Doch ein Teil der aufgebrachten Menge scheute nicht vor Gewalt zurück, und schließlich kam es zu ersten Gefechten. Und als am 17. März zwei chinesische Artielleriegeschosse nahe der Residenz einschlugen, wurde der Geheimplan, den Dalai Lama zu evakuieren, in die Tat umgesetzt.

Der *Kundün* zog seine rote Mönchsrobe aus und schlüpfte in dunkle, unauffällige Kleidung, bevor er in aller Heimlichkeit den Norbulinka verließ, begleitet nur von einer kleinen Gruppe Leibwächter und Vertrauter. Nach einer beschwerlichen Wanderung erreichte die Gruppe zwei Wochen später die indische Grenze. Am 3. April gab der indische Präsident Nehru bekannt, dass Indien dem Dalai Lama Asyl gewährte. Der »Alle Wünsche erfüllende Edelstein« würde Tibet nie wiedersehen.

Zwei Tage, nachdem der Dalai Lama geflohen war, brachen in Lhasa schwere Kämpfe aus. Der Norbulinka wurde bombardiert, und unzählige Menschen, die immer noch die Residenz und ihren *Kundün* schützen wollten, verloren ihr Leben. Viele Tausend Menschen folgten dem Dalai Lama nach Indien. In Tibet begann unterdessen ein schreckliches Gemetzel. Zweitausend Chinesen starben. Doch für jeden getöteten chinesischen Soldaten starben fünfzig Tibeter. In den nur zwei Tage lang andauernden Kämpfen, die der Aufstand dauerte, kamen fast hunderttausend Menschen ums Leben. Und Tibet hatte keinen Dalai Lama mehr.

Vertrauen

Der Übergang vom Traum zur Wachwelt dauerte nur einen Augenblick. Lama Sonam Tsering öffnete die Augen und war hellwach. Wieder hatte er im Traum-Bardo eine Vision des Bardo der Dharmata gehabt. Er war sich sicher, dass es eine echte Vision und keine aus seinen Wünschen geborene Einbildung gewesen war. Er hatte seinen Freund nicht nur gesehen – diesmal hatte er ihn auch berührt und mit ihm gesprochen. So aufgeregt war der Lama schon viele Jahre nicht mehr gewesen: Vielleicht konnte er seinen Freund wirklich im Bardo begleiten, ihm seine Angst nehmen und ihn zumindest zu einer vorteilhaften Wiedergeburt anleiten. Oder vielleicht konnte sogar das Wunder geschehen, dass Dorjee Wangchuk, dieser zynische, sündige Kaufmann, mit seiner Hilfe und den Weisungen des Bardo Thödol doch noch zur Einsicht kam und endgültige Befreiung erlangte.

Der Lama lächelte über sich selbst. Trotz der vielen Jahre der Übung und der Meditation geschah es ihm doch dann und wann, dass er sich in Wunschvorstellungen und Fantasien verlor, anstatt einfach das zu tun, was richtig war. Und das würde er nun tun, indem er weiterhin das Bardo Thödol las.

»Dorjee Wangchuk, lausche und lasse dich nicht zerstreuen. Es ist nun der elfte Tag deiner Wanderung durch den Bardo. Dorjee, auch jetzt ist

es noch möglich, dass du Einsicht und Befreiung findest, die dir bislang durch deine Angst versperrt waren. Habe keine Angst vor den Projektionen deines eigenen Geistes. Heute wird dir der Erhabene Padma-Heruka erscheinen, und du wirst Grauen empfinden. Fürchte dich jedoch nicht, fliehe nicht, lass vollkommen los und wehre dich nicht gegen die Einsicht. Der Padma-Heruka ist in Wahrheit der Erhabene Amithaba, verzerrt durch deine Leidenschaften. Erkenne dies, und deine Angst wird sich auflösen und du wirst Befreiung erlangen!«

Vision des Padma-Heruka

In Dorjee macht sich Hoffnung breit. Ihm steht noch klar die Erscheinung seines alten Freundes, des Lama, vor Augen. Vielleicht gelingt es ihm diesmal, der Angst standzuhalten.

Wie durch das Weltall dringt die Stimme seines Freundes, der das Bardo Thödol rezitiert. Die Worte sind tröstlich. Dorjee erinnert sich, dass sie das eigentlich immer waren, und doch haben die schrecklichen Erscheinungen ihn bisher immer wieder für die Worte taub gemacht. Ach, würde Sonam doch nur wieder leibhaftig vor ihn treten und ihm die Furcht nehmen!

Doch Dorjee hört nur körperlose Worte. »*… Heute wird dir der Erhabene Padma-Heruka erscheinen, und du wirst Grauen empfinden …*« Von all den Worten, die der Lama spricht, sind es ausgerechnet diese, die sich tief in seine Seele brennen, und er spürt, dass die Panik wieder in ihm aufsteigt.

»Ich fürchte mich nicht, ich fürchte mich nicht …«, wiederholt Dorjee monoton. Doch er glaubt sich selbst nicht.

Und dann geschieht es: Aus dem Nichts steigt Padma-Heruka auf, sein blutroter Leib, der drei Häupter trägt, wird größer und größer, seine sechs Arme sind in ständiger Bewegung, und seine Gefährtin bietet ihm eine Muschelschale mit Blut dar.

Diese Erscheinung ist nicht schrecklicher als die vorangegangenen. Doch inzwischen hat sich das Grauen in Dorjee wie in einem Fass angesammelt und droht überzulaufen. Dorjee weiß nicht, warum er solch abgrundtiefe Furcht empfindet. Er weiß, dass er eigentlich keine Angst haben müsste, er weiß, dass die rasende Gottheit nur eine Projektion seines Karmas ist, aber diese Gedanken helfen ihm einfach nicht. Er will nicht wieder kopflos fliehen – wohin auch? Sein scheinbarer Körper gehorcht nicht ihm, sondern seiner Angst. Dorjee will widerstehen, doch es ist, als würde er von einem fremden Geist gesteuert.

Dorjee kann nicht aufrichtig zu der Gottheit beten, zu groß ist seine Furcht. Eines aber bleibt ihm: Er kann seinen Freund, den Lama, anflehen, ihm beizustehen. All seine Hoffnung liegt darin, dass Sonam Tsering ihm wieder erscheinen und seinen aufgewühlten Geist beruhigen wird.

Doch der Lama erscheint nicht. Dorjee schreit und schreit, er kann nicht aufhören, und beinahe schlimmer als die Angst vor dem Padma-Heruka, furchterregender als das, was aus seinem Inneren aufsteigt, ist seine Verzweiflung darüber, dass sein Freund ihn verlassen hat. Nun ist auch dieses letzte Band, das ihn mit seinem alten Leben verknüpfte, zerschnitten.

1960 – Liebe und Hass

Der Tibetaufstand mit den vielen Tausend Toten und der darauf folgende Zerstörungswahn der Chinesen, der fast alle tibetischen Klöster betraf, erreichte schließlich, was weder

Sonam noch Jamyang Wangchuk gelungen war: Dorjee begann, die sogenannte Befreiung samt der chinesischen Eindringlinge zu verachten. Doch was konnte er schon tun? Sich gegen die Chinesen zu stellen, war ausgeschlossen. Als Tibet-Chinese stand er unter ständiger Beobachtung, und auch bei den Tibetern war er nicht gerade beliebt. Wenn er es wagen würde, Kritik zu äußern, würde er sicher verhaftet werden – oder Schlimmeres. Und so musste er überaus vorsichtig sein. Also ließ er seine Verbindungen spielen und machte seinen Vorgesetzten die Idee schmackhaft, dass er doch besser als Lehrer in einer der neuen Schulen Tibets eingesetzt werden könnte. Dort könne er die Kinder schließlich viel besser indoktrinieren – und in den Kindern lag die Zukunft Tibets. Seine Idee wurde mit Begeisterung aufgenommen.

Lehrer zu sein, gefiel Dorjee. Wenn es auch das Einzige war, was ihm gefiel, denn es gab ansonsten wenig Grund zur Freude: Zum ersten Mal seit Menschengedenken wurde Tibet von einer Hungersnot erschüttert. Eine Dürre hatte einen großen Teil der Ernte vernichtet – vor allem aber hatte Mao den »Großen Sprung nach vorn« ausgerufen, der sich als gewaltiger Sprung nach hinten erweisen sollte und über fünfzehn Millionen Menschen das Leben kostete. Zwar war Tibet weitaus weniger betroffen als der Rest Chinas, doch die östlichen Gebiete »Großtibets« bekamen die vollen Auswirkungen mit aller Macht zu spüren.

Der Panchen Lama, der sich mit den Chinesen arrangiert hatte, wagte es sogar, Kritik zu üben und schrieb die »70 000-Zeichen-Petition« an Zhou Enlai: Der »Bericht über die Leiden der Massen in Tibet und anderen tibetischen Regionen und Vorschläge für die künftige Arbeit der zentralen Behörden, an den ehrenwerten Premier Zhou Enlai« sprach erstaunlich offen alle Probleme an – vor allem die Zerstörung der Kultur und Religion und die Hungersnot. Der Panchen Lama bekräftigte, die Ziele der Revolution fördern zu wollen – und das als guter Buddhist. Die Petition wurde Mao vorgetragen, der sich alles höflich und interessiert anhörte. Doch das änderte nichts – im Gegenteil: Es sollte alles noch viel schlimmer kommen.

Dorjee selbst litt keinen Hunger. Einerseits war die Lage in Lhasa nicht annähernd so schlimm wie in anderen Teilen Tibets und Chinas. Andererseits genoss er als geachtetes Mitglied der Volksbefreiungsarmee Sonderrechte. Hinzu kam, dass Dorjee sich inzwischen verliebt hatte. Huang Yali war Chinesin, standfeste Kommunistin und ebenfalls Lehrerin an der Schule, an der auch Dorjee unterrichtete. Als er sie aus dem Fenster seines Klassenzimmers über den Schulhof gehen sah, hatte er sich auf den ersten Blick in sie verliebt. Yali war nicht nur außergewöhnlich schön, sie war auch klug und strahlte eine Stärke aus, die Dorjee mehr anzog als alle Äußerlichkeiten. Sofort hatte er versucht, sich mit ihr anzufreunden, sie aber blieb kühl und hielt Abstand. Er tat alles, um sie zu beeindrucken. Er erzählte bunt und ausschweifend von seinen Abenteuern, seinem Kampf gegen die Adligen, seiner Bekanntschaft mit dem Dalai Lama und Mao Zedong. Und weil er zu Übertreibungen neigte, bezeichnete er Gouverneur Ngapoi Ngawang Jigme gar als seinen engen Freund. All das jedoch beeindruckte Yali nicht im Mindesten. Im Gegenteil – sie schien ihn zu verachten.

»Huang Yali, hasst du alle Tibeter?«, fragte er sie eines Abends verzweifelt. »Oder nur mich? Bin ich in deinen Augen nur ein rückständiger Barbar? Warum bist du so kühl zu mir? Wir sind doch Revolutions-Kameraden …«

Yali unterbrach ihn mit einer Handbewegung. Sie versuchte sichtbar, sich zu beherrschen, doch schließlich zischte sie: »Ja, du bist in der Tat ein Barbar, Dorjee Wangchuk! Ein Volksverräter, Klosterzerstörer und Mörder, wenn du es genau wissen willst. Und ein Feigling noch dazu.«

Dorjee war wie vor den Kopf gestoßen. Was sagte sie da? Hatte sie vollkommen den Verstand verloren? Sie wurde bleich, schloss die Augen und presste die Lippen zusammen. Und Dorjee wusste sehr gut, warum. Er hatte sie nun in der Hand. Würde er diesen Ausbruch dem Revolutionskomitee berichten, so hätte das schwerwiegende Folgen für sie.

»Kameradin, was redest du für wirres Zeug?«, fragte er. »Du bist doch Chinesin? Du bist doch selbst, wie du es nennst ›Klosterzerstörer und Mörder‹. Und ich habe weder jemanden ermordet noch ein Kloster zerstört.«

Yali kniff den Mund zusammen und schwieg. Dorjee wartete und sah sie an. Wie schön sie doch selbst in ihrem Zorn war. Schließlich sagte sie: »Du bist Tibeter! Und doch verrätst du dein Volk!« Verwirrt sah Dorjee sie an. »Und wenn du mich nun anzeigen willst …«

»Nein!«, rief Dorjee. »Aber ich verstehe nicht …«

»Du bist Tibeter. Und doch hilfst du dabei, deine eigene Kultur zu zerstören!«

»Aber die Revolution!«, sagte er. »Der große Vorsitzende Mao hat gesagt, dass es nötig ist, auch den alten Aberglauben zu zerstören, wenn wir das Volk befreien wollen!«

Yali verzog den Mund zu einem höhnischen Lächeln. »Und nun ist es viel besser geworden, meinst du? Sieh doch hin: Die Klöster sind zerstört, Tausende von Tibetern sind tot, und die, die noch übrig sind, haben nichts zu essen. Weißt du nicht, was der Buddha gelehrt hat? Niemanden zu verletzen, kein

Leid zuzufügen, Mitgefühl zu kultivieren. Wann hat er von Gewalt gesprochen?«

Misstrauisch sah Dorjee sie an. Wollte sie ihn hereinlegen?

»Du bist doch Kommunistin«, begann er vorsichtig.

»Ja, vielleicht. Aber vor allem bin ich Buddhistin. Dorjee Wangchuk, jetzt kannst du mich beim Revolutionskomitee anzeigen, wenn du willst. Doch ich werde alles leugnen. Und wem von uns, denkst du, wird man wohl eher glauben?«

»Yali, ich habe überhaupt nicht vor, dich anzuzeigen. Ich will dich nur verstehen können.«

Sie rückte näher zu Dorjee, und er fühlte, wie ihre Nähe sein Herz schneller schlagen ließ. »Dorjee, kannst du mir vertrauen? Ich habe dir vertraut, weil ich spüre, dass du unzufrieden bist. Ich weiß, dass du Soldat der Volkbefreiungsarmee warst – und nun bist du doch lieber Lehrer geworden.«

Dorjee zögerte. Vielleicht hatte Yali den Auftrag bekommen, ihn auf konterrevolutionäre Ansichten zu überprüfen? Doch ihre Nähe ließ ihn keinen klaren Gedanken fassen. Er wollte ihr vertrauen. Also nickte er. »Ja, ich werde dir vertrauen, Yali.« Zum ersten Mal, seit er sie kannte, lächelte sie ihn an. »Du hast recht. Die Revolution ist nicht so, wie ich gehofft habe. Ich wollte Gerechtigkeit, doch jetzt …« Es war, als wäre ein Damm gebrochen. Mit einem Mal kam ihm alles, was er getan hatte, wertlos oder sogar schlecht vor. Auch wenn die Befreiung der Leibeigenen und Sklaven gut gewesen war – all die Toten, die Zerstörung und der Hunger waren es sicher nicht. Also hatte Sonam doch recht gehabt: Die Reformen, die der Dalai Lama geplant hatte, wären langsamer, aber wohl sehr viel sanfter und weiser gewesen. Ihm stiegen die Tränen in die Augen, als er Yali seine geheimsten Gedanken anvertraute. Wenn sie ihn nun anzeigen würde, wäre er verloren. Und wer weiß – vielleicht wäre das sogar gut so. Aber Yali rückte ganz nahe an ihn heran, legte ihm die Arme um den Hals und küsste ihn leidenschaftlich.

Die folgende Nacht verbrachten sie gemeinsam. Und auch die Nächte darauf. Dorjee war glücklicher, als er es je gewesen war. Yali war der neue Mittelpunkt seines Lebens, und er hätte alles für sie gegeben.

Eines frühen Morgens lag er erschöpft vom Liebesspiel neben ihr und hielt sie in seinen Armen, als sie plötzlich auf Englisch fragte: »Mein Dorjee, willst du helfen, Tibet zu befreien?«

Schlagartig war Dorjee hellwach, wenngleich ein Teil in ihm sich ganz sicher war, dass er wohl träumen müsse. Hatte er sich verhört? War er verrückt geworden? Yali lachte und legte den Kopf schräg. »Warum schaust du mich denn so komisch an? Was ist los?« Wieder hatte sie die Worte auf Englisch gesprochen – oder zumindest glaubte Dorjee, es so gehört zu haben. Er war vollkommen verwirrt.

»Hast du es denn immer noch nicht erraten, Liebster? Ich bin eine verfluchte Imperialistin.«

Dorjee lachte, aber nicht aus ganzem Herzen. Er verstand nicht, was hier vor sich ging. Es war unheimlich.

Dann wurde Yali ganz ernst. »Hör gut zu, Dorjee. Du hast doch bestimmt von den *Chushi Gangdrug*-Rebellen gehört?«

Dorjee nickte. Natürlich. *Chushi Gangdrug,* »Vier Flüsse, Sechs Gebirge«, war eine nationalistische tibetische Organisation. Sie hatten die *Feier des Goldenen Throns* für den Dalai Lama organisiert, als er 1957 zum Führer Tibets ernannt worden war. Doch schon ein Jahr später war die Bewegung im Untergrund verschwunden und hatte sich in eine Guerilla-Organisation verwandelt, die die Chinesen mit bewaffneten Anschlägen immer wieder angriff und wohl auch maßgeblich an dem verheerenden Tibetaufstand beteiligt war.

»Die Rebellen sind ohne Beistand nicht stark genug«, fuhr Yali fort. »Seit einiger Zeit schon unterstützen die sogenannten Imperialisten aus Amerika die Rebellengruppe, um den Tibetern zu helfen. Aber natürlich können die Langnasen nicht einfach hier in Tibet einmarschieren, daher brauchen wir chinesische, vor allem aber tibetische Unterstützung.«

Dorjee hielt den Atem an. Ihm wurde schwindelig. Das war doch wohl nicht möglich? »Und du bist …«, fragte er mit zittriger Stimme.

Yali grinste über das ganze Gesicht, bevor sie ihn herausfordernd anblickte: »Du wirst es vielleicht nicht glauben, aber ich bin in den USA geboren.«

Dorjee riss die Augen auf. Dass Yali eine Agentin war, war schon unfassbar genug. Aber dass sie Amerikanerin war? Das war doch absurd! »A-a-aber … du bist doch keine Langnase!« In ihm drehten sich die Gedanken wie in einem Wirbelsturm. Yali sah eindeutig chinesisch aus. Hatten die Rotgesichter einen Apparat, mit dem sie das Aussehen der Menschen verändern konnten? Oder war es eine magische Maske, die sie trug?

Yali lachte Tränen, als sie seinen verwirrten Gesichtsausdruck sah. Als Dorjee ihr erzählte, was er dachte, musste sie so sehr lachen, dass sie sich krümmte und erst einmal kein Wort mehr herausbrachte. Nachdem sie sich schließlich wieder ein wenig beruhigt hatte, setzte sie sich im Bett auf und erzählte Dorjee ihre Geschichte. Ihre Eltern, reiche Kaufleute und gläubige Buddhisten, waren noch vor der Revolution in die USA ausgewandert, wo Yali geboren wurde. Als dann die Revolution ausbrach, waren sie vom CIA als Spione angeworben worden und nach China zurückgekehrt – vorgeblich, um die Revolution zu unterstützen. Mit der Zeit war ihre Tochter in alles eingeweiht worden und hatte eine eigene Aufgabe bekommen: Sie sollte junge, begabte Tibeter rekrutieren, um Tibet vom Kommunismus zu befreien.

»Und so jemand wie du ist ein wahrer Glücksfall«, schloss sie. »Du sprichst Chinesisch, Tibetisch und Englisch. Du wärst ein idealer Führer des Widerstandes! Und nicht nur das. Wenn Tibet wieder frei ist, wirst du reich belohnt werden und einen hohen Posten in der neuen Regierung erhalten!« Sie überlegte kurz. »Oder aber – du gehst mit mir in die Vereinigten Staaten.«

Dorjee war überwältigt. Selbst wenn die Götter leibhaftig von den Gipfeln der heiligen Berge herabgestiegen wären, hätte er nicht so überrascht sein können, und ein zufriedenes Lächeln breitete sich auf seinem Gesicht aus. Doch dann kam ihm plötzlich ein schrecklicher Verdacht. Konnte es nicht sein, dass Yali keine amerikanische, sondern eine chinesische Agentin war, die über ihn an die Rebellen herankommen wollte? Dorjees Lächeln verblasste. »Yali, ich kenne aber gar keine Rebellen«, sagte er schließlich.

»Dorjee, du dummer Junge«, lachte Yali. »Du glaubst doch wohl nicht, dass ich die Rebellen verraten möchte? Nein, du musst gar keine Rebellen kennen. Wenn du aber bereit bist, sorge ich dafür, dass du sie kennenlernen wirst. Doch zuvor wirst du in die USA fliegen und zum Rebellenführer ausgebildet werden!«

Nachdem Dorjee Yalis Worte verdaut hatte, fing er an, sich mit der Vorstellung mehr und mehr anzufreunden. Ja, Dorjee hatte nun ein neues Lebensziel gefunden: Er würde dazu beitragen, Tibet wirklich zu befreien. Und endlich würde er, wie er es sich schon immer erträumt hatte, die Welt sehen.

Yali hatte bereits alles bis ins kleinste Detail geplant. Dorjee würde zunächst wieder für die Volksbefreiungsarmee arbeiten und den Auftrag bekommen, mit den Nomaden zu sprechen. Während dieses Auftrags würde er in der Weite Tibets verschwinden. Rebellen würden ihn treffen und an die indische Grenze führen, wo ihn ein amerikanischer Verbindungsoffizier in Empfang nehmen und ihn in das Ausbildungslager in den USA fliegen würde.

Fliegen? Dorjee konnte es nicht fassen. Die folgenden Wochen erlebte er wie in einem Traum. Alles verlief genau so, wie Yali es geplant hatte. Und schließlich saß er tatsächlich in einem dieser geheimnisvollen Eisenvögel. Bis zuletzt schien es ihm unvorstellbar, dass diese gewaltige Maschine tatsächlich fliegen würde. Doch dann hob das Flugzeug ab, und Dorjee sah die Welt zum ersten Mal von oben. Er flog!

Nach mehr als dreißig aufregenden Stunden über den Wolken kam er schließlich in *Dhumra*, dem »Garten«, an, wie die Tibeter das Ausbildungslager Camp Hale in Colorado genannt hatten.

Etwa hundert Tibeter lebten in Camp Hale, als Dorjee eintraf. Er staunte. Wie war es den Amerikanern nur gelungen, so viele Tibeter zu rekrutieren, die Englisch sprachen? Aber bald erkannte er, dass das gar nicht der Fall war, denn tatsächlich war Dorjee der Einzige im Camp, der sowohl Tibetisch und Chinesisch als auch Englisch sprach. Die meisten hatten gerade erst begonnen, Englisch zu lernen. Doch Sprachkenntnisse waren ohnehin zweitrangig. Die Rebellen wurden vor allem in Guerillatechniken, dem Bau von Sprengsätzen, dem

Umgang mit Waffen, in Strategie und Verhörmethoden trainiert. Und auch die Indoktrination kam nicht zu kurz. *Wie bei den Chinesen,* dachte er. Da die meisten seiner Kameraden nur wenig oder kein Englisch sprachen, waren Übersetzer Gold wert. Also dolmetschte Dorjee wieder.

Trotz des prall gefüllten Stundenplans blieb Dorjee noch genug Zeit, um einen kleinen Einblick in das Leben der Langnasen zu bekommen. In kleinen Gruppen besuchten sie mit einem Führungsoffizier Denver. Als sie die riesige Stadt sahen, waren die Tibeter, einschließlich Dorjee, sprachlos. Überall fuhren Autos, die Luft schmeckte giftig und dick, Häuser ragten auf, hoch wie Berge. Die Tibeter waren von dem Lärm und dem Gestank der Stadt angewidert und freuten sich, als sie wieder in den »Garten« zurückkehren durften. Nur Dorjee nicht. Zwar fand auch er die Stadt grauenvoll, doch andererseits sah er auch den Reichtum, die Erfindungsgabe und die Möglichkeiten. Sein alter Traum, ein reicher Kaufmann zu werden, trat wieder mit aller Macht in sein Bewusstsein. Wenn Tibet unabhängig würde, würde er Kaufmann werden – das schwor er sich. Er würde einer der Ersten sein, die Geschäfte mit dem Ausland machen würden. Er würde reich werden. Sehr reich. Sein Traum zeigte ihm eine glorreiche Zukunft. War das nicht verrückt? Noch vor zwei Jahren war er begeisterter Kommunist gewesen – und heute träumte er kapitalistische Träume.

Doch schon am folgenden Tag wurde er unsanft aus all seinen freudigen Träumen gerissen. Als er mit seinen Kameraden über deren Vergangenheit und Tibet sprach und darüber, wie sie rekrutiert worden waren, sagte einer: »Ich bin wegen einer Frau hier.« Dorjee grinste. Auch er wäre wohl kaum Rebell geworden und hier gelandet, hätte er nicht das Glück gehabt, Yali kennenzulernen. Doch sein Grinsen gefror, als sein Kamerad berichtete, dass er einer unglaublichen Frau, einer Chinesin, begegnet war, die in Wirklichkeit eine Amerikanerin war. Als Dorjee eins und eins zusamengezählt hatte, brach für ihn eine Welt zusammen. Nein! Das konnte nicht sein ... Doch je ausführlicher sein Kamerad seine Bekanntschaft und Liebesaffäre mit dieser Amerikanerin beschrieb, desto klarer wurde Dorjee, dass auch er von Yali rekrutiert worden war. Es gab keinen Zweifel. Sie hatte lediglich ihren Auftrag erfüllt, als sie vorgab, ihn zu lieben. Die Gefühle gingen mit Dorjee durch, und Wut erfüllt alle seine Zellen. In diesem Augenblick begann Dorjee, auch die Amerikaner zu hassen. Hatten es die Kommunisten nicht schon immer gesagt? Die Imperialisten waren gewissenlose Teufel. Ja, aber die Chinesen, die in nur zwei Tagen Zehntausende von Tibetern getötet, die alten Klöster zerstört und mit ihrer gedankenlosen und dummen Landreform eine Hungersnot ausgelöst hatten, waren um keinen Deut besser.

Dorjee fiel in ein tiefes Nichts. Schon lange hatte er keinen Glauben mehr. Keine Ideologie hatte halten können, was sie versprochen hatte, und die Liebe, die ihn angetrieben hatte, entpuppte sich als schlechtes Theater. Er war betrogen worden – verspottet. Kurz spielte er mit dem Gedanken, sich selbst zu töten. Doch statt zu sterben, wurde ein neuer Dorjee geboren, der sich schwor, nie wieder einem Menschen oder einer Ideologie zu dienen, sondern einzig und allein sich selbst. Macht und Geld – das waren die Kräfte, die alles bestimmten, die Kräfte, um die es im Leben wirklich ging. Und Geld war Macht, Geld machte einen Menschen zum »Adligen«, das hatte er in den USA erfahren. Ab heute würde er alles daransetzen, selbst ein Mächtiger zu werden. Und das hieß vor allem, dass er sehr viel Geld brauchte. Sein Weg war vorgezeichnet: Er würde Verbindungen knüpfen, die ihm nutzen konnten, er würde sich nützlich machen und in der Hierarchie aufsteigen, er würde, wenn es denn nötig wäre, stehlen, rauben und ja – auch morden, solange es nur seinem Ziel diente.

Dorjee stürzte sich mit noch größerem Eifer in seine Aufgaben, er war der Beste in allen Disziplinen, freundete sich mit den amerikanischen Ausbildern an und achtete dabei darauf, vor allem höhere Ränge für sich einzunehmen. Schließlich wurde ihm angeboten, in den USA zu bleiben und Ausbilder in Camp Hale zu werden. Doch Dorjee lehnte höflich ab. Er liebe die USA, doch er könne wohl mehr bewirken, wenn er an der Befreiung Tibets mitwirkte. Wenn Tibet befreit wäre, dann …

Also kehrte er wieder nach Tibet zurück. Und schon sein erster Auftrag gab ihm eine gute Gelegenheit, seinem neuen Lebensziel zu folgen. Als die Adligen und Reichen aus Tibet geflohen waren, hatten sie nur einen kleinen Teil ihrer Güter mitnehmen können. Doch bevor sie flohen, hatten viele ihre Schätze, wertvolle tibetische Thankas und Skulpturen, aber vor allem auch Gold vor den Kommunisten versteckt. Dorjee sollte diese Reichtümer nun retten und nach Indien schaffen. Es war eine gefahrvolle Aufgabe, und es war Eile geboten, denn auch die Chinesen wussten, dass Schätze versteckt worden waren und suchten nach ihnen. Doch im Gegensatz zu Dorjee hatten sie keine detaillierten Karten über die Verstecke.

Sie waren zu dritt: Jamyang Gondrup, Ngabo Tendrup und Dorjee Wangchuk. Sie hatten eine verschlüsselte Karte, die den Weg zu einer gut versteckten Höhle in einem schwer zugänglichen Teil der Berge nahe Lhasa wies, wo einige Adlige ihre wertvollsten Güter versteckt hatten. Als einfache Landarbeiter verkleidet, machten sie sich mit sechs Eseln auf den beschwerlichen Weg.

Dorjee hatte sich eine Geschichte ausgedacht, falls sie von den Chinesen erwischt würden: Sie hätten den Schatz zu Ehren der Revolution geborgen, um ihn dem Gouverneur zu übergeben. Dorjee hatte schließlich ein gewisses Ansehen bei den Chinesen, und es bestand immerhin eine realistische Chance, dass man ihm dieses Märchen abnehmen würde. Doch es blieb riskant.

Was keiner wusste: Dorjee plante, heimlich einen Teil des Schatzes für sich beiseitezuschaffen und so den Grundstock für seinen Reichtum zu legen. Kurz hatte er mit dem Gedanken gespielt, seine Begleiter zu töten, sobald sie die Höhle gefunden hatten, und den gesamten Schatz an sich zu nehmen. Doch er verwarf die Idee schnell. Es war zu gefährlich. Seine Tarnung würde aufgedeckt werden, und die Amerikaner würden ihn jagen – oder ihn über Yali an die Chinesen ausliefern. Wenn seine Tat bekannt wurde, könnte er weder weitere Schätze stehlen noch Geschäfte mit dem Ausland machen. Nein, er durfte seinen Begleitern nichts antun.

Dorjees Gedanken waren düster geworden, während er an Yali dachte. Als er zurück nach Tibet gekommen war, war sie spurlos verschwunden. Er hatte nicht weiter nachgeforscht. Er wollte sie einfach nur vergessen. Würde er ihr aber jemals wieder begegnen, so würde er sich rächen.

Die Bergung des Schatzes gelang problemlos. Es war so viel, dass selbst sechs schwer beladene Esel nicht ausreichten, um auch nur annähernd alles mitzunehmen. So packten sie vor allem das Gold ein. Während seine Kameraden schliefen, gelang es Dorjee, einen Teil des Goldes und der Kunstschätze, die sie nicht mitnehmen konnten, in einer verborgenen Seitenhöhle zu verstecken. Er arbeitete die ganze Nacht und schichtete schwere Steinbrocken um diesen Teil der Höhle auf, damit seine geheimen Schätze getarnt waren. Allein das, was er in dieser Nacht beiseitegeschafft hatte, würde ihn zu einem reichen Mann machen. Wie er diesen Schatz einmal bergen würde, darüber würde er sich zu einem späteren Zeitpunkt den Kopf zerbrechen.

Am nächsten Morgen brachen die drei nach Indien auf. Dorjee konnte nur mit Mühe die Augen aufhalten, denn er war zu Tode erschöpft.

Nach zehn Tagen erreichten sie die indische Grenze, und nach ein paar weiteren Tagen kamen sie in Dharamsala an, wo der Dalai Lama und die von ihm geführte neue Exilregierung residierte.

Dorjee und seine Kameraden wurden mit großer Herzlichkeit empfangen. Einige Tausend Tibeter lebten hier. Sehr viele Adlige, sehr viele Mönche, viele, die in Tibet reich und mächtig gewesen waren – aber das »gewöhnliche Volk«, die ehemaligen Leibeigenen und Sklaven, waren zu Dorjees Erstaunen in der Mehrheit. *Natürlich*, dachte Dorjee zynisch. *Irgendjemand muss die Drecksarbeit verrichten.*

Eines hatten aber alle Tibeter in Dharamsala gemein: Sie waren ihrem Führer, dem Dalai Lama, treu ergeben, und alle waren gläubige Buddhisten.

Dharamsala war eine Art tibetisches Paradies. Das Klima war mild und nicht zu heiß, die Landschaft grün und voller Leben – und es gab, zumindest äußerlich, keine großen Standesunterschiede mehr. Hätte der Dalai Lama seine Reformen rechtzeitig durchgeführt, so wäre es in diesem imaginären Tibet, in dem sie heute leben würden, vielleicht so ähnlich wie hier, davon war Dorjee überzeugt. Und er träumte davon, wie alles einmal werden könnte, wenn Tibet erst unabhängig sein würde. Zum ersten Mal seit sehr langer Zeit spürte Dorjee auch, dass er im Herzen immer Tibeter geblieben war. So paradiesisch es hier auch sein mochte – Indien würde nie sein Land sein. Die Berggipfel seiner Heimat waren weit entfernt. Ihm fehlte die karge, aber weite Landschaft Tibets, die Luft war hier zu warm und zu schwer. Nein – seine Heimat war und blieb Tibet. Zwar weder das alte Tibet der Unterdrückung durch die Adligen und Mönche noch das neue der Unterdrückung durch die Kommunisten, sondern ein ideales, freies Tibet. Ein Tibet, in dem er reich und mächtig wäre.

Dorjees Entschluss, von nun an nur noch sich selbst zu dienen, wurde bekräftigt, als er mit ansah, mit welcher Freude die Schätze, die sie gebracht hatten, aufgenommen wurden – und dass der Großteil davon an die »rechtmäßigen Eigentümer«, die früheren Unterdrücker, zurückgegeben wurde. Er gratulierte sich zu seinem Plan, einen Teil des Schatzes beiseitegeschafft zu haben.

Nach einem Gespräch mit Seiner Heiligkeit, dem Dalai Lama, spielte Dorjee eine Zeit lang mit dem Gedanken, in Dharmasala zu bleiben. Es war das dritte Mal gewesen, dass er ihm begegnete. Und trotz seines Zynismus war er zum dritten Mal von diesem Mann in seiner Seele berührt worden.

Als er vor den *Kundün* trat, lächelte dieser sein friedvolles und weises Lächeln, sah ihn eine Weile an und sagte: »Ich glaube, wir sind uns schon einmal begegnet, Dorjee Wangchuk.

Ich weiß nicht, ob du dich an mich erinnerst.« Beinahe hätte Dorjee in diesem Moment an die Göttlichkeit dieses Mannes glauben können. Der Dalai Lama erinnerte sich an ihn und fragte ihn – ihn! –, ob er sich an die Begegnung erinnerte. Wie hätte er sie je vergessen können?

Dorjee warf sich vor ihm zu Boden. »Eure Heiligkeit! Wie könnte ich mich nicht erinnern! Aber dass Ihr Euch meiner erinnert …«

Der Dalai Lama lachte. »Ach ja, ich habe ein recht gutes Gedächtnis, sagt man.«

Dorjee erlebte die Begegnung mit dem Dalai Lama wie in einem Traum. Er begriff nun vollkommen, dass so viele Menschen diesen Mönch wie einen Gott verehrten. Aber wie jeder Traum endete auch dieser, und Dorjee erwachte aus seinen sentimentalen Vorstellungen. Er musste über sich selbst lächeln. Natürlich, er war beeindruckt. Das war wohl auch der Trick dieses Mönches. Wenn selbst er, der Zyniker, sich vor ihm zu Boden geworfen hatte, war es ihm wohl ein Leichtes, andere, leichtgläubigere Menschen als ihn zu beeindrucken und zu beeinflussen. Letztlich war der Dalai Lama doch der oberste Vertreter der herrschenden Klasse und der früheren Unterdrücker. Er hatte studieren und lernen dürfen, war von allen bedient worden, hatte jeden Luxus genossen, war verehrt von seinen Untertanen, hatte nie Hunger und Durst erfahren und nie einen Finger krumm machen müssen. Und trotz seiner guten Absichten, an denen Dorjee gar nicht zweifelte, hatte sich an den Machtverhältnissen nichts geändert. Die früheren Herrscher ließen sich von niederem Volk wie ihm, Dorjee, mit ihren Schätzen versorgen, während die Menschen in Tibet hungerten und die Schikanen der neuen Herrscher erdulden mussten.

Er hatte längst jeden Glauben verloren, selbst den Glauben an den Kommunismus und an die Gerechtigkeit. Dorjee glaubte nur noch an sich selbst.

Er wurde eingeladen, in Dharamsala zu bleiben. Doch jetzt wusste er, dass er nicht bleiben wollte. Er würde weitere Aufträge bekommen, bei denen er weitere Schätze für sich beiseiteschaffen und verstecken konnte. Und wenn Tibet tatsächlich unabhängig und frei werden sollte, würde er einer der Reichen und Mächtigen sein. Also lehnte er das Angebot bescheiden ab und kehrte nach Tibet zurück. Allein, denn Jamyang Gondrup und Ngabo Tendrup waren in Dharamsala geblieben.

In den folgenden Jahren wurde Dorjee bei den Exiltibetern so etwas wie eine Legende. Unter schwierigsten Umständen gelang es ihm, gewaltige Reichtümer nach Dharamsala zu bringen. Und das, nicht ohne in aller Heimlichkeit auch für sich selbst vorzusorgen. Nach einiger Zeit war Dorjee einer der reichsten Tibeter geworden. Sein auf einer indischen Bank deponiertes Vermögen wuchs beständig, und niemand kannte Dorjees Geheimnis.

Nur seine Hoffnung, dass Tibet unabhängig würde, erfüllte sich nicht.

1965 wurde Tibet zur »Autonomen Region Tibet« erklärt. Doch das änderte nichts. Im Gegenteil: Tibet war nun ganz offiziell eine Provinz der Volksrepublik China.

Vielleicht ist es an der Zeit, wieder die Seiten zu wechseln, dachte Dorjee. Dass Tibet eine »Autonome Region« war, bedeutete, dass nun mehr Tibeter in hohe offizielle Positionen der lokalen Regierung kamen – natürlich nur solche, die der Partei treu ergeben waren. Er würde einen dieser Posten bekommen, wenn er seine Verbindungen spielen ließ. Und zugleich würde er die Amerikaner davon überzeugen, dass er dennoch auf ihrer Seite stand und im Geheimen für die Unabhängigkeit kämpfte. So würde er zwei Fliegen mit einer Klappe schlagen, sich in alle Richtungen absichern und wertvolle Verbindungen knüpfen.

Dorjee hatte ein neues Ziel.

Der Löwe aus Stein

Als der Lama aus tiefem, traumlosem Schlaf erwachte, war ihm sofort bewusst, dass er diese Nacht nicht im Traum-Bardo gewesen war. Er hatte seinen Freund im Stich gelassen. Sonam Tsering schloß kurz die Augen, wie von einem großen Schmerz überwältigt.

Er wurde alt und schwach. Nein, er *war* alt und schwach. Bald würde wohl auch er den Weg antreten. Doch wer würde ihm das Bardo Thödol lesen? Sein Novize, Chagdud Norbu, vielleicht, obgleich er noch so jung war. Oder sein Klosterbruder Rabten Lhundup. Sonam Tsering, der Rinpoche, würde die Belehrung wohl ohnehin nicht benötigen. Er hatte sie ganz und gar verinnerlicht. Er würde den Bardo des Reinen Urlichts erkennen und aus dem Rad der Wiedergeburten austreten. Zumindest würde er aber als großer Lehrer wiedergeboren werden, nicht aus dem Durst nach einem weiteren Kreislauf im Leben, sondern aus Mitgefühl mit den noch nicht befreiten Lebewesen.

War das nicht ein wenig Eitelkeit, dass er sich da so sicher war? Der Rinpoche betrachtete seine Gedanken wie von außen. Nein, da war keine Eitelkeit – oder zumindest sehr, sehr wenig. Was er jedoch in seinem Geist erkannte, war ein winziger Rest Angst. Würde er den Augenblick nicht nutzen, wo ihm das Reine Urlicht aufschien, dann würde auch er durch den Bardo der Dharmata gehen müssen – er würde jedoch keine Furcht empfinden, sondern Zuflucht zu den Buddhas nehmen. Die Angst nährte sich aus dem Zweifel. Und der Zweifel rührte daher, dass er sich schuldig fühlte, weil er Dorjee nicht im Traum-Bardo beigestanden hatte.

Plötzlich musste der Rinpoche lachen. Was waren das nur für überflüssige Gedanken? Wie sinnlos. Er war ein alter Mann und hatte tief geschlafen. Das war geschehen, und nichts würde es ändern. Dass er seinem Freund im Traum-Bardo überhaupt beistehen konnte – selbst das war ungewiss.

Mit neuer Energie erfüllt, erhob sich der Lama und machte sich daran, das zu tun, was das einzig Wichtige war. Er würde sein Bestes tun, um seinem Freund eine gute Wiedergeburt zu ermöglichen. Es besser als es so gut wie möglich zu tun, war ohnehin unmöglich. Der Lama ließ alle kreisenden, grübelnden Gedanken los, konzentrierte sich ganz auf seinen Freund und begann mit den Gebeten, Warnungen und Mahnungen des Bardo Thödol.

»Dorjee Wangchuk, höre gut zu. Auch wenn ich dich nicht im Traum-Bardo belehren konnte und nicht leibhaftig vor dir stand: Höre auf meine Stimme, höre gut zu. Du erlebst nun den zwölften Tag im Bardo, und wieder werden dir Projektionen deines Geistes als grauenvolle Gottheiten aufscheinen. Wieder wirst du wohl Furcht empfinden. Habe Vertrauen! Erscheint dir der Karma-Heruka in seiner grausigen Gestalt, so wehre dich nicht, lass ab von deiner Angst – er ist in Wahrheit der

Erhabene Amoghasiddhi! Begreife, dass alles, was du siehst, aus deiner eigenen Geist-Natur entspringt. Begreifst du das, wird deine Furcht dir unsinnig erscheinen und du wirst Befreiung erlangen …«

Vision des Karma-Heruka

Dorjee ist gerade wieder aus dem Dunkel aufgetaucht, das zwischen den Visionen der schrecklichen Gottheiten liegt. Es ist weder Schlaf noch Ohnmacht. Er weiß nicht, ob er Sekunden, Stunden, Tage oder Jahrhunderte in diesem Zwischenraum verweilt. Er spürt nur, dass alles, was in der vorangegangenen Vision seinen scheinbaren Leib in Mitleidenschaft gezogen hat, nun wiederhergestellt ist.

Kurz erinnert er sich an die Worte des Lama: *»… habe keine Angst, was immer dir auch geschieht – es kann dir nicht wirklich etwas geschehen, da du keinen Körper mehr hast …«*

Das ist Dorjee kein Trost. Es bedeutet lediglich, dass er alle Qualen von Neuem erleben kann. Er kann nicht in den Tod fliehen, denn dort befindet er sich schon. Er weiß, dass gleich wieder die unbeschreibliche Angst erwachen wird. Der gegenwärtige Moment ist nicht besser. Er spürt die tiefe Verzweiflung, dass ihm der Rinpoche nicht erschienen ist und ihn womöglich aufgegeben hat.

Doch indem er dies denkt, vernimmt er die vertraute Stimme.

»… Auch wenn ich dich nicht im Traum-Bardo belehren konnte und nicht leibhaftig vor dir stand: Höre auf meine Stimme … Habe Vertrauen! … Begreife, dass alles aus deiner eigenen Geist-Natur entspringt. Begreifst du das, wird deine Furcht dir unsinnig erscheinen und du wirst Befreiung erlangen …«

Dorjee ist es, als würde eine Kette um sein Herz gesprengt. Nein, sein Freund hat ihn nicht aufgegeben! Er ist nicht allein! Dorjee versucht, der Belehrung zu folgen. Er will vertrauen, er will begreifen, dass alles Schreckliche aus seiner Seele stammt, er will die Angst loslassen. Er wiederholt die Ermahnungen wieder und wieder. Beinahe glaubt er zu verstehen, da erhebt sich der Karma-Heruka, schrecklicher als alle Schrecklichen bisher. In seinen Augen glitzern Mordlust und Durst nach Dorjees Blut.

Mit einem Schlag verlassen Dorjee alle guten Vorsätze. Während die Wogen des Grauens über ihm zusammenschlagen, wiederholt er noch ein paarmal die Ermahnungen. Doch gegen das Brausen der Angst sind sie lediglich ein Flüstern. Lange Zeit, unendlich lange dauert dieser Zustand namenlosen Schreckens. Selbst das Flüstern versiegt.

Dann jedoch wird es wieder stärker. Dorjee hört die Stimme des Lama immer klarer. Und ein kleiner weißer Lichtpunkt erscheint vor ihm, wird größer und nimmt die Gestalt seines Freundes Sonam Tsering an. Der Karma-Heruka, berghoch und mit grüner Hautfarbe, zeigt seine spitzen Zähne und schwingt mit seinen sechs Armen Schwert und Stock. Obgleich Dorjee das tosende Gebrüll nicht verstehen kann, weiß er, dass es die Gottheit nach seinem Blut dürstet. Dorjee will fliehen, doch der Lama legt ihm die Hand auf die Schulter und blickt ihm voll Mitgefühl in die Augen. »Dorjee, verstehe doch, dass alles, was dir an Schrecklichem begegnet, auch der Erhabene Karma-Heruka, aus dir selbst kommt! Daher fürchte dich nicht!«

Dorjee aber kann die Furcht nicht loslassen. Er klammert sich an seinen Freund, der ihn wie ein Kind schützend in den Arm nimmt. Die Angst lässt ein wenig nach – zwar nicht genug, um zur Einsicht zu gelangen, aber doch genug, um nicht von der Angst zerrissen zu werden.

Dann löst sich der Lama auf, und Dorjee steht wieder der gewaltigen Gestalt des Erhabenen Karma-Heruka gegenüber, und die Angst füllt jede Ritze seines Seins.

1966 – Die große Zerstörung

Dorjee machte Karriere. Der »Große Sprung nach vorn« hatte die größte Hungersnot der Menschheitsgeschichte ausgelöst und war schon 1961 abgebrochen worden. Immerhin herrschte nun kein Hunger mehr. Dorjee, der unter der Hungersnot ohnehin nicht gelitten hatte, hatte inzwischen neue Verbindungen geknüpft und mehr als einmal daran gedacht, Tibet zu verlassen. Doch bei jeder seiner geheimen Kurzreisen nach Indien wurde ihm aufs Neue klar, dass sein Herz fest mit Tibet verbunden war.

Die Lage in ganz China »normalisierte« sich. Das hieß vor allem, dass sich Korruption und Machtmissbrauch wieder ausbreiteten wie vor der kommunistischen Revolution. Die »klassenlose Gesellschaft« hatte nun wieder eine Oberklasse – die Bürokraten. Mao, so wenig er auch von Wirtschaft und Ackerbau verstand – was er offen zugab –, erkannte, dass das kommunistische Ideal in Gefahr war. Und so entwickelte er eine neue Kampagne. Dieses Mal sollte die Wirtschaft, insbesondere die Landwirtschaft, von den Reformen ausgenommen sein. So viel hatte er immerhin aus dem »Großen Sprung« gelernt. Dennoch sollte sich die neue Kampagne in vielerlei Hinsicht ebenso furchtbar wie der »Große Sprung nach vorn« erweisen und China um viele Jahrzehnte zurückwerfen. Die »Große Proletarische Kulturrevolution« wurde ausgerufen.

Nun waren es die alten Kader und die Intellektuellen, die ins Visier genommen wurden. Die »Vier Relikte« – alte Gedanken, alte Kultur, alte Gewohnheiten und alte Gebräuche – sollten zerstört werden. Und das gelang nur zu gut.

Zunächst wurden zwei Drittel der alten Kader, Politbüro- und Zentralkomiteemitglieder ihrer Ämter enthoben. Das Volk war anfangs begeistert, denn die korrupten Bonzen waren ohnehin verhasst. Und auch Dorjee war sehr zufrieden. All das spielte ihm in die Hände, da auch die Provinz-Kader jetzt ausgedünnt waren. Eine bessere Chance, sich einen offiziellen Posten und die damit verbundene Macht zu sichern, gab es nicht. Alles lief für ihn nach Plan. Er war ein idealer Kandidat: ein tibetischer Hirtenjunge, aber auch begeisterter Kommunist und Mitglied der Volksbefreiungsarmee, bekannt mit Mao – ein Mann mit Verhandlungsgeschick, der noch dazu Chinesisch sprach und sich um die Revolution verdient gemacht hatte. Niemand sonst erfüllte diese Voraussetzungen. Und er hatte schon eine Idee, wie er seine Lage noch weiter verbessern würde.

Sein Plan bestand darin, einen kleinen Teil seines Reichtums zu opfern. Er würde behaupten, bei einem Verhör eines ehemaligen Adligen von einem versteckten Schatz erfahren zu haben. Anschließend würde er auch genau angeben können, wo dieser zu finden sei.

Letztlich lief alles für ihn dann noch besser als erhofft: Man bot ihm eine Position an der Spitze der tibetischen Provinzregierung an. Dorjee lehnte ab. Vorgeblich aus Bescheidenheit – er sei nicht qualifiziert genug, wand er sich heraus. In Wahrheit ging es um etwas anderes: Dorjee wusste, dass zu viel Macht gefährlich für ihn werden könnte. Er ahnte, wie schnell sich der politische Wind drehen konnte. Eine Position auf der zweithöheren Ebene nahm er hingegen nur zu gern an. Große politische Ambitionen hatte er ohnehin nicht. Er hoffte lediglich darauf, dass Tibet unabhängig würde und er seinen Reichtum frei genießen könnte.

Der Traum von einer besseren Zukunft sollte jedoch schon bald platzen. Statt der erhofften Freiheit kamen die Roten Garden. Fanatisierte Schüler und Studenten zerstörten nur allzu gern die »Vier Relikte«. Eltern wurden als Konterrevolutionäre denunziert, Lehrer und Professoren verprügelt und gedemütigt – und alles, was nur im Entferntesten an alte Zeiten erinnerte, wurde kurz und klein geschlagen, verbrannt und zerstört: Gemälde, Statuen, Bücher, Schriftrollen, Tempel … Ganz China wurde von einer Welle sinnloser Gewalt überflutet. Und auch das abgelegene Tibet blieb nicht verschont. Auch dort begannen die Roten Garden zu wüten, darunter viele Tibeter, vor allem Jugendliche und Ungebildete, an denen es in Tibet dank der Feudalherrschaft nicht mangelte. Universitäten gab es keine, aber dafür doch noch viele Klöster. Die Roten Garden zerstörten, was nach dem Tibetaufstand noch übrig geblieben war. 1958 hatte es in Tibet zweitausendsiebenhundert Klöster gegeben. Nach dem Aufstand 1960 waren davon noch dreihundertsiebzig übrig. Und nachdem die Unkultur der Kulturrevolution schließlich über Tibet gekommen war, waren davon nur noch ganze acht übrig. Mönche wurden geprügelt, gefoltert und erniedrigt wie im übrigen China die Professoren und Lehrer.

Dorjee war entsetzt. Er hatte inzwischen erkannt, dass die meisten Mönche nicht besser gelebt hatten als die Landarbeiter – auch sie waren Opfer der korrupten Mönchskader gewesen. Wenngleich die Mönche die Religion repräsentiert und verbreitet hatten, so waren sie doch nie Handlanger der Unterdrücker gewesen.

Als Dorjee sah, wie Kunstwerke von unschätzbarem Wert und uralte Schriften verbrannt wurden und wie die Roten Garden dazu jubelten, da wusste er, dass der Wahnsinn nunmehr vollends die Herrschaft übernommen hatte. Manchmal musste er daran denken, dass seine versteckten Schätze nun wohl enorm an Wert gewonnen hatten, aber Glück empfand er dabei nicht.

Am liebsten hätte er die marodierenden Haufen verprügelt und ins Gefängnis geworfen. Doch er wagte nicht einzugreifen. Jeder, der Kritik äußerte, geriet unter Verdacht. Seine Stellung gewährte ihm ein wenig Schutz, doch wenn er als Konterrevolutionär verleumdet würde, wäre alles möglich. Die Roten Garden kannten kein Halten und schienen die Unterstützung der Regierung zu haben. Und so blieb Dorjee vorsichtig.

Eines Tages war Dorjee Zeuge, wie eine Gruppe Mönche unter dem Johlen der fanatisierten Jugendlichen aus einem der zerstörten Klöster getrieben wurde. Einige der Mönche waren blutig geschlagen, und viele trugen zerrissene Roben. Dorjee kochte innerlich vor Wut. Da er es nicht wagte, direkt einzugreifen, beschloss er, zumindest ein wenig beruhigend auf die Zerstörer einzuwirken. Er klatschte zum Schein Beifall, gratulierte dem Anführer der Gruppe und wollte gerade ein paar Sätze sagen, um die aufgeregten Randalierer zu beruhigen, als er plötzlich etwas sah, das ihm das Blut stocken ließ.

Er kannte einen der Mönche. Es war sein alter Freund Sonam. Sofort war ihm klar, dass er ihn vor den Roten Garden schützen musste. Doch wie sollte er das nur anstellen?

Gäbe er den Befehl, ihn freizulassen, wäre nicht nur fraglich, ob ihm Folge geleistet würde – er riskierte, selbst als Konterrevolutionär denunziert zu werden. Seine Gedanken rasten wild hin und her.

Schließlich ging er auf Sonam zu und schrie: »Ich kenne diesen Kerl! Das ist einer der Schlimmsten!« Sonam zuckte zusammen, dann erkannte er Dorjee. Er öffnete den Mund, um etwas zu sagen, doch Dorjee kam ihm zuvor und versetzte ihm mit der offenen Hand einen Schlag ins Gesicht. »Um diesen Abschaum werde ich mich höchstpersönlich kümmern. Der bekommt eine Spezialbehandlung!« Er schlug mit der Faust in die offene Handfläche. Die Roten Garden feixten. »Und die anderen … pah, lasst sie laufen. Oder noch besser: Steckt sie in vernünftige Arbeitskleidung und gebt ihnen etwas zu tun. Dann schickt sie zu mir. Aber macht mir die Kerle nicht kaputt – die sollen hart arbeiten!«

Die Roten Garden schienen nicht ganz zufrieden darüber, dass sie ihren Sadismus nicht an den Mönchen ausleben konnten. Doch da Dorjee immerhin ein hochrangiges Mitglied der Regierung war und außerdem offenbar vorhatte, einen der Rädelsführer zu foltern, gehorchten sie widerspruchslos. Dorjee packte Sonam hart am Arm, boxte ihn in den Magen, sodass er sich krümmte und zerrte ihn mit sich. Sobald sie sich weit genug von der Gruppe entfernt hatten, flüsterte Dorjee: »Verzeih mir, mein Freund. Mir ist nichts Besseres eingefallen, um dich zu retten. Spiel bitte einfach mit!« Dann schrie er laut: »Du Unterdrückerschwein, jetzt wirst du lernen, wie es Konterrevolutionären ergeht!« Er tat so, als würde er Sonam Schläge ins Gesicht verpassen, und Sonam hatte verstanden. Er schrie auf und krümmte sich, Dorjee zerrte ihn weiter.

Dorjee brachte Sonam in sein Haus in *Thrinkonchu*, der Innenstadt Lhasas. Als sie schließlich in Sicherheit waren, fielen sich die Freunde in die Arme. Lange Stunden erzählten sie sich gegenseitig, wie ihre Lebenswege seit ihrer letzten Begegnung verlaufen waren. Seine Raubzüge und seine Verbindungen zur CIA verheimlichte Dorjee jedoch lieber. Dafür gestand er, dass er nicht mehr wirklich Kommunist war und nun für die Befreiung Tibets eintrat. Sonam hörte sich alles ruhig an, Dorjee aber sah, dass er sich im Stillen freute. Fast war er ein wenig traurig darüber, dass er seinem Freund nicht alles berichten konnte, doch im Moment gab es Wichtigeres. »Sonam, du musst fliehen.« Sonam öffnete den Mund, um zu widersprechen, aber Dorjee hob die Hand. »Nein, Sonam. Du musst fliehen. Hierzubleiben wäre ein sinnloses Opfer. Ich kann dich nach Dharamsala bringen, wo dein Dalai Lama jetzt residiert. Es ist schön dort.«

Sonam sah ihn mit großen Augen an. Wie konnte Dorjee …? Doch er stellte keine Fragen. Er spürte, dass sein Freund ein Geheimnis hatte, das er ihm vielleicht eines Tages offenbaren würde, wenn die richtige Zeit dafür gekommen war.

»Du kehrst zurück, wenn dieser Irrsinn hier vorbei ist. Das wird nicht lange so weitergehen.« Dorjee wusste nicht, ob er sich das nur wünschte. So ganz glaubte er nicht mehr daran, dass Tibet irgendwann tatsächlich ein unabhängiges, freies Land werden würde.

Nach einigem Zögern sah Sonam ein, wie recht sein Freund hatte, und gab nach. Dorjee organisierte die Flucht. Sonam und einige seiner Mönche gelangten unbeschadet nach Dharamsala.

Einige Tage später fragte der Anführer der Roten Garden, als er Dorjee wieder begegnete, was aus dem »Unterdrückerschwein« geworden wäre. Dorjee lächelte geheimnisvoll und flüsterte verschwörerisch: »Dieser Kerl wird keine guten Kommunisten mehr verführen!« Er machte die Geste des Halsabschneidens, und der Mann war zufrieden. Dorjee verspürte großen Ekel: vor den Roten Garden, vor der sinnlosen Zerstörung und auch vor sich selbst. Diesen letzten Gedanken verdrängte er jedoch schnell.

Bald darauf erfuhr er von dem Plan, den Potala-Palast zu schleifen und anzuzünden. Er gab vor, nach Beijing abberufen worden zu sein. Er musste mit Zhou Enlai sprechen, von dem er wusste, dass er ein hochgebildeter Mann war, der die Zerstörung gewiss nicht guthieß. Bei seinen früheren Besuchen hatte er ihn bereits kennengelernt, und die beiden Männer hatten sich von Anfang an gut verstanden. Als Dorjee in Beijing eintraf, empfing ihn Zhou freundlich. Nachdem ihm Dorjee vom Zerstörungsplan berichtet hatte, versprach er sofort, etwas zu unternehmen. Bereits am folgenden Tag wurde eine Einheit nach Lhasa abkommandiert, um den Potala zu schützen. Der Potala-Palast wurde gerettet, doch der Schaden, den die Roten Garden in Tibet angerichtet hatten, würde nie wieder gutzumachen sein.

Die Stimmung in Beijing hatte sich inzwischen wieder gewendet. Mao hatte wie schon beim »Großen Sprung nach vorn« die furchtbaren Konsequenzen nicht vorhergesehen, die die »Große Proletarische Kulturrevolution« haben würde. Obwohl er selbst es war, der den zerstörerischen Irrsinn ausgelöst hatte, war er im Innersten tief erschüttert. Am 28. Juli 1968 ließ er, gemeinsam mit Lin Biao und Zhou Enlai, die Führer der Roten Garden antreten und fand klare Worte: »Die rohe Gewalt muss beendet werden. Wenn sich die Roten Garden nicht daran halten, sind sie Banditen und werden entsprechend behandelt werden!«

Das Signal war eindeutig. Die schlimmste Phase der Kulturrevolution hatte, wie schon der »Große Sprung«, schreckliche Folgen gezeitigt und war unrühmlich zu Ende gegangen. Doch es sollte noch zehn Jahre dauern, bis sich die Universitäten von den zwei Jahren des ungezügelten Wahnsinns erholt haben würden.

Ab 1969 wurde die Lage in ganz China und Tibet allmählich besser, wenngleich die angerichteten Schäden enorm und teilweise unwiderbringlich waren. Trotzdem war Dorjee erleichtert. Er gratulierte sich. Seine Pläne waren aufgegangen. Er hielt eine hohe Position in Tibet inne, hatte es, ohne sich selbst angreifbar zu machen, durch die Wirren der Kulturrevolution geschafft und war relativ sicher. Gleichzeitig war er immer noch Agent der CIA, ohne dass er sich in Gefahr begeben musste – und er erhielt von den Amerikanern hohe Zuwendungen. Über diese Zahlungen konnte er jedoch nur lachen. Diese für Chinesen unglaublich hohen Summen waren für ihn lächerlich im Vergleich zu den Reichtümern, die er sich gesichert hatte.

So war er auch wenig berührt davon, dass die USA 1974 die Unterstützung der Rebellen einstellte. Der US-Präsident Richard Nixon wollte nach dem Fiasko des Vietnamkrieges endlich die Beziehungen zwischen China und den USA normalisieren. Der Dalai Lama, der stets enge Verbindungen zu den USA und zum CIA unterhalten hatte, nahm mit einem dieser neuen Tonbandgeräte eine Botschaft auf, die sich bald in ganz Tibet verbreitete: Er appellierte an alle Tibeter, den Widerstand gegen China aufzugeben und die Waffen niederzulegen.

Für Dorjee kam all das wie gerufen. Er hatte weder direkte und somit potenziell gefährliche Kontakte zu CIA-Agenten noch zu Rebellen.

»Normalisierung« bedeutete für Dorjee vor allem eines: Bald würde er wohl seine Reichtümer in aller Offenheit genießen können. Dass Tibet wirklich wieder frei werden würde, daran glaubte er nicht mehr. Doch Mao war alt. Und im China nach Mao würden sich vermutlich, wie immer, diejenigen durchsetzen, die über Reichtümer und Macht verfügten. Dorjee war alles andere als unzufrieden. Auch in Tibet würde sich wohl vieles wieder zum Besseren wenden – das spürte er. Was er allerdings nicht ahnte, war, dass es viel länger dauern würde, als er glaubte.

Die Tierköpfigen

Sonam Tsering hatte diesmal sein Bewusstsein im Traum-Bardo achtsam bewahrt. Er war seinem Freund begegnet, hatte dessen schlimmsten Ängste beim Anblick des Karma-Heruka etwas lindern können und ihn wieder ermahnt. Am wertvollsten jedoch war, dass er Dorjee im Bardo noch einmal umarmt hatte. Er hatte gespürt, dass sein Freund beinahe Einsicht gefunden hätte – zumindest so weit, dass er ohne Angst zu seiner Wiedergeburt voranschreiten könnte. Doch dann hatte sich die Verbindung von Traum-Bardo und dem Bardo der Dharmata gelöst. Der Lama war voller Mitgefühl, als er sich an Dorjees Augen erinnerte, die von Panik erfüllt gewesen waren, als er, der Lama, wieder verschwand.

Heute war es besonders wichtig, die Belehrung eindringlich zu lesen. Denn nun würde Dorjee allen schrecklichen Gottheiten auf einmal begegnen. Alle vorausgegangenen

Schrecken waren klein im Vergleich zu dem, was sein Freund noch erleben musste. Der Lama holte noch einmal tief Luft und begann die Lesung.

»Dorjee Wangchuk, höre gut zu und lasse deinen Geist nicht wandern. Dir werden nun die acht Gaurima erscheinen, die acht Tierköpfigen, die vier Torhüterinnen und viele weitere machtvolle, furchterregende Gottheiten, und du wirst größte Angst empfinden, da es dir aufgrund der Gier und den vielen Illusionen in deinem Leben schwerfällt, zur Einsicht zu gelangen. Zu der einzig wichtigen Einsicht – dass nämlich alle Erscheinungen aus deinem Geist entspringen und ihre Ursachen in deinem Karma liegen.

Dorjee, lass dich nicht von der Furcht lähmen. Sieh nur genau hin und erkenne, dass dein Karma deine Seele nach außen wendet – und alles, was dir erscheint, erwächst aus deinem Inneren. Erkenne dies, dann wirst du selbst jetzt, trotz der Last deines schlechten Karmas, befreit werden können, und du wirst eine Wiedergeburt als Heiliger, Weiser oder Fürst erfahren. Höre genau zu, Dorjee, es ist wichtig …«

Vision der acht Ma-mo

Dorjee wird gerade noch von dem schrecklichen Karma-Heruka verfolgt – einen Augenblick später ist der riesenhafte grüne Gott verschwunden, und Dorjee findet sich auf einer weiten, gestaltlosen Ebene wieder; der Horizont … Nein, erkennt Dorjee mit Staunen, da ist kein Horizont. Der Blick geht immer weiter und weiter in die Ferne.

Und Dorjee fürchtet sich vor dem, was kommen wird.

Die vertraute Stimme des Lama, die gleichzeitig vom Himmel, von der Erde und im Inneren seines Kopfes erklingt, ist ein Trost. Doch die Worte sind bedrohlich. »*… machtvolle, furchterregende Gottheiten … du wirst größte Angst empfinden … Karma … Seele nach außen wendet … Größte Angst … größte Angst …*«

Wie könnte meine Angst noch größer sein?, fragt sich Dorjee. Als sein Freund, der Lama, erschienen war, hatte seine Angst ein wenig nachgelassen. Als der Lama dann verschwand und die schreckliche grüne Gottheit mit aller Macht über ihn kam … oh nein, mehr Angst als in diesem Augenblick könnte er niemals empfinden, oder doch? Dorjee versucht, sich auf die Stimme des Lama zu konzentrieren.

»*…alles, was dir erscheint, kommt aus dir. Erkenne dies, dann wirst du befreit werden … eine Wiedergeburt als Heiliger, Weiser oder Fürst …*«

Dorjee versucht zu begreifen. *Ja, das will ich!* Zum ersten Mal sieht er sich und sein Leben an, ohne sich Illusionen zu machen. Er bemüht sich zu verstehen, dass die schrecklichen Visionen aus ihm selbst kommen. Fast gelingt es ihm schon, da beginnt die Welt mit einem Mal zu beben. Rings um ihn herum erheben sich grauenvolle Gestalten – und es sind viele.

Er sieht sich von acht dieser Gestalten umringt, alle sind weiblich. Eine hält eine getrocknete Leiche in der Hand und schwingt sie wie eine Keule, eine andere mit rotgelber Haut hält Gedärme in der rechten Hand und stopft sie sich in den bluttriefenden Mund, eine gelbhäutige Gauri reißt einem menschenähnlichen Wesen den Kopf ab und das Herz heraus und verschlingt es … Dorjee will wegsehen. Er kann es nicht mehr ertragen, doch wohin er seinen Blick auch wendet – überall stürmen dämonische Bilder auf ihn ein. Der Raum scheint mehr Dimensionen zu haben, und aus allen dringen diese schrecklichen Visionen hervor. Nun kommen auch noch Wesen aus dem Dunkel, die allein durch die verstörende

Mischung aus menschlicher und tierischer Gestalt eisiges Entsetzen in Dorjees Seele hinterlassen.

Da ist eine löwenköpfige Gestalt; im Löwenmaul trägt sie einen Leichnam und schüttelt ihn; eine schwarze Gestalt mit dem Kopf eines Fuchses, die in der einen Hand ein Rasiermesser schwingt, während sie sich mit der Linken Gedärme ins Maul stopft. Eine wolfsköpfige, eine mit dem Kopf eines Geiers, eine mit dem einer Eule ... Und sie alle schwingen Leichenteile und fressen das tote Fleisch ... Dorjee erkennt, dass seine Angst noch weitaus stärker sein kann, als er es bisher in seinen Visionen erlebt hat. Er fühlt, wie sein Geist gefriert und zu zersplittern droht.

Es tauchen weitere grauenerregende Gottheiten auf, größer als die anderen. Eine Stimme, von der er gar nicht mehr weiß, ob sie von ihm selbst, von den Gottheiten oder von einem tröstenden, mitfühlenden Wesen außerhalb dieser Schreckenswelt stammt, flüstert: *»Das sind die Vier Torhüterinnen, welche die vier Tore im Mandala deines Geistes bewachen ...«*

Noch mehr schaurige Göttinnen erscheinen: eine Pferdeköpfige mit einem menschlichen Rumpf in der Hand, eine schwarze Göttin mit einem Schweinskopf, eine grüne Elefantenköpfige, eine rote Krähenköpfige, die eine Kinderleiche in der Hand hält ...

»Dorjee, erkenne, dass das wahre Wesen der Erscheinungen die Projektion deines Karma ist! Begreife dies und deine Angst wird schwinden und du wirst eins mit all dem, was du fürchtest und wirst Befreiung erlangen!« Die Worte des Lama erreichen Dorjee trotz seiner Angst – sie scheinen aus der Mitte seines Kopfes zu kommen. Und die Stimme wird immer klarer, als käme der Lama näher. *Ach, möge es doch so sein!*, betet Dorjee. *Mein Freund Sonam, steh mir bei!* Indem er dies innig betet und auf den Lama vertraut, werden

die Schreckensgestalten matter, und seine Angst lässt ein wenig nach. Aus einem Flirren in der Luft manifestiert sich der Rinpoche. Er blickt Dorjee voll Mitgefühl an, nimmt ihn in die Arme und wiederholt: »Dorjee, lass nur deine Angst los! Du hast doch keinen Leib mehr – niemand kann dir etwas anhaben.«

Dorjee klammert sich an seinen Freund. Er versucht zu verstehen. Ja, es ist wohl wahr, dass er keinen Körper mehr haben kann, da er tot ist – doch er hat immer noch das Gefühl, einen Körper zu haben. Und dieses Gefühl kann er nicht durch Gedanken verändern.

»Dorjee«, sagt der Lama noch einmal, »begreife doch, dass das alles Projektionen deines Geistes sind, die dir die Schreckensbilder vorgaukeln. Begreife es, und du wirst keine Angst mehr haben müssen und eine vorteilhafte Wiedergeburt erreichen! Dorjee, konzentriere dich, lass dich nicht zerstreuen.«

Die Stimme des Freundes wird immer leiser, der Lama selbst immer körperloser. Dafür werden die Schreckenswesen wieder kraftvoller, der Lärm ihrer Schreie, das Klirren der Waffen, das Schmatzen der Leichenfresser.

Dorjee versucht mit aller Macht, die Worte des Lama zu beherzigen. Konzentration, keine Angst, alles sind nur Trugbilder meines Geistes, ich brauche keine Angst zu haben, nichts kann mir geschehen, eine gute Wiedergeburt erwartet mich, keine Angst, Angst, Angst, Angst …

1976 – Der Tod des Vorsitzenden

Dorjee festigte seine Position, lebte nach außen hin in bescheidenem Wohlstand und reiste immer wieder nach Beijing, um seine Verbindungen zu den Mächtigen aufzubauen. Seine praktisch unbegrenzten Geldmittel halfen dabei nicht unbeträchtlich. Durch Geschenke und Bestechungsgelder war Dorjee bald in allen einflussreichen Kreisen zu Hause. Bei Zhou Enlai bedurfte es, obwohl er einer der mächtigsten Männer der Regierung war, keiner teuren Geschenke und Geld – Zhou verachtete die allgegenwärtige Korruption und schwor mehr als einmal, dem ein Ende zu setzen. Mit der Zeit wurde Dorjees Verhältnis zu Zhou immer freundschaftlicher.

Als Zhou Enlai am 8. Januar starb, war Dorjee am Boden zerstört. Immerhin war es Zhou gewesen, der auf Dorjees Bitte hin den Potala-Palast gerettet hatte. Auch war er es gewesen, der Nixon 1972 bei seinem Besuch in China – dem ersten eines US-Präsidenten in der Volksrepublik – empfangen hatte. Seit 1973 war er Premierminister, nach Mao der mächtigste Mann in China und als Maos Nachfolger designiert. Sein Freund Deng Xiaoping, der schon lange für die Marktwirtschaft eintrat und daher während der sogenannten Kulturrevolution verbannt worden war, war im gleichen Jahr begnadigt worden und inzwischen zum Vizepremier aufgestiegen. Das waren gute Vorzeichen. Aber nun, da Zhou tot war, war völlig unklar, wie es weitergehen würde.

Dorjee hatte schon geahnt, dass sein Freund Zhou nicht mehr allzu lange leben würde, denn er litt schon seit 1972 an Blasenkrebs. Zhou hatte sich mit seinen liberaleren Vorstellungen bei Mao nicht beliebt gemacht, und sein Stern war im Sinken begriffen. Dorjee hatte gehofft, dass Mao vor ihm sterben und Zhou dann die Weichen für ein besseres China und vielleicht sogar ein autonomes Tibet stellen könnte.

Nun war also doch Zhou zuerst gestorben. Als man Zhous Leichnam zum Friedhof fuhr, waren zwei Millionen Menschen auf den Beinen, um ihm die letzte Ehre zu erweisen. Fast ganz Beijing trauerte um den beliebtesten Politiker der

Volksrepublik. Und Deng Xiaoping hielt eine bewegende Rede, die Hoffnung machte.

Mao hatte Hua Guofeng, einen unscheinbaren Bürokraten, der so ganz anders war als Zhou Enlai, zum neuen Premierminister auserkoren. Die Gruppe der Reformer um Deng Xiaoping erlitt dadurch einen schweren Rückschlag, und Dorjee fluchte. Warum nur war nicht Mao als Erster gestorben? Aber diese Gedanken änderten nichts an der Wirklichkeit.

Die Trauer um Zhou Enlai hielt länger an, als es Mao und den Gegenreformern recht war. Die Menschen legten überall Kränze ab. Anfang April, mehr als drei Monate nach Zhous Tod, waren immer noch überall Kränze, Blumen und kleine Altäre zu Ehren des verstorbenen Premiers zu sehen. Bald stand das *Qingming*-Fest, der Ahnengedenktag, an – eines der wichtigsten Feste des Jahres. Die Regierung kam zu dem Schluss, endlich eingreifen zu müssen. Es musste mit aller Macht verhindert werden, dass der fragwürdige Reformer auch noch am Ahnengedenktag geehrt wurde. Also wurden alle Kränze, Blumen und anderen Zeichen der Trauer um Zhou kurzerhand vom Militär entfernt.

Die Menschen nahmen das jedoch nicht einfach hin. Immer mehr Chinesen versammelten sich auf dem Tian'anmen-Platz. Am Tag von dem *Qingming*-Fest hatten sich dort etwa zehntausend Menschen eingefunden, um zu protestieren. Es war die erste Demonstration seit Bestehen der Volksrepublik. Die Mitglieder der Regierung, die jegliche Reformen ablehnten, berieten mit Mao. Schließlich wurde das Militär mobilisiert, um den Platz zu räumen. Viertausend Protestierende wurden verhaftet. Deng wurde aller Ämter enthoben und nach Guangzhou verbannt. Dorjee war deprimiert. Mit der Freiheit und der Marktwirtschaft würde es wohl doch so schnell nichts werden. Er hoffte nur, dass es nicht wieder zu einer schrecklichen neuen Bewegung wie der »Kulturrevolution« kommen würde.

Im Laufe der Zeit wurden die Gegenreformer immer einflussreicher. Der Kern dieser Gruppe innerhalb der Regierung war die sogenannte »Viererbande«: Allen voran Jiang Qing, Maos Frau, sowie Zhang Chunqiao, Yao Wenyuan und Wang Hongwen. Diese vier waren auch die Hauptverantwortlichen für die Missstände der kulturzerstörerischen Kulturrevolution gewesen. Es war offensichtlich, dass sie vorhatten, nach Maos Tod die Macht zu ergreifen. Dorjee schwante Übles.

Dann, am 9. September, starb der »Große Vorsitzende«, und Hua Guofeng wurde automatisch sein Nachfolger. Glücklicherweise entwickelten sich die Dinge ganz anders, als Dorjee befürchtet hatte. Der Plan der Viererbande, Jiang Qing an die Macht zu bringen, scheiterte auf ganzer Linie. Einen Monat nach Maos Tod wurde die Viererbande samt ihrer Anhänger verhaftet.

Millionen Menschen feierten auf den Straßen – und Dorjee feierte mit ihnen. Er schöpfte wieder Hoffnung und war sich so gut wie sicher, dass nun seine Zeit gekommen war.

Rund ein Jahr später wurde Deng aus Guangzhou zurück nach Beijing geholt und wieder in alle seine alten Ämter eingesetzt. Dorjee gratulierte ihm persönlich und erfuhr, dass Dengs Vater praktizierender Buddhist gewesen war und dass Deng selbst großen Respekt vor den Lehren des Buddhismus hatte. Nun war Dorjee der Respekt vor jeglicher Religion zwar fern, doch als er mit Deng über den Buddhismus und Tibet sprach, musste er an seinen alten Freund Sonam denken und sah die Chance, etwas für Tibet zu bewirken. Deng versprach ihm, für den Wiederaufbau der Klöster in Tibet zu sorgen und der Religion wieder ein wenig mehr Freiheit zu geben. Dorjee war überglücklich.

Ein Jahr später war Deng zwar noch nicht Premier, aber er war faktisch an der Macht. Für das *Times-Magazin* war er der »Mann des Jahres«. Der Panchen Lama, der seit 1961 in Haft war, wurde freigelassen.

Jetzt begannen die Dinge tatsächlich, sich zu verändern. Dorjee kehrte nach Tibet zurück.

Sonam war, ohne dass Dorjee davon wusste, schon lange aus Dharamsala zurückgekehrt – und war kurz darauf in ein Arbeits- und Umerziehungslager gesteckt worden. Eines der ersten Dinge, die Dorjee unternahm, als er davon erfuhr, war, nicht nur für Sonams Freilassung zu sorgen, sondern dank seiner Verbindungen auch dafür, dass Sonam als Abt eines der übrig gebliebenen acht Klöster eingesetzt wurde. Davon, dass Dorjee bei seiner Ernennung zum Abt des Sera-Klosters die entscheidende Rolle gespielt hatte, ahnte Sonam nichts.

Von den ehemals über hunderttausend Mönchen in Tibet waren nur noch tausend übrig. Doch allmählich wuchs ihre Zahl wieder. Und mit dem Wiederaufbau der Klöster wurde begonnen.

Dorjee traf Sonam nun wieder regelmäßig, und die Freunde fühlten sich trotz ihrer Gegensätze eng miteinander verbunden.

»Es wird nie wieder werden, wie es war«, sagte Sonam traurig, als ihm Dorjee von der goldenen Zukunft, die Tibet erwarten würde, vorschwärmte. »Die alten Zeiten sind vorbei. Alles, was ist, ist vergänglich. Manchmal ist das auch gut so. Aber ich sehne mich doch von Zeit zu Zeit zurück. Vielleicht werde ich alt.«

Gerade war das Bild des Dalai Lama verboten worden. Doch Seine Heiligkeit hatte gesagt, dass es das Wichtigste wäre, die Lehre Buddhas lebendig zu halten. Aus diesem Grund war Sonam nun wieder in Tibet.

Dorjee war optimistischer. Aber das hatte nichts mit Buddha zu tun.

Deng hatte inzwischen seine Machtposition ausgebaut. Für Hongkong und Taiwan hatte er die Devise ausgegeben »Ein Land – zwei Systeme!«. Vielleicht würde das auch bald für Tibet gelten? Dorjee und Sonam hofften darauf, jeder aus seinen eigenen Gründen.

Deng führte die Marktwirtschaft ein, und für Hunderte Millionen Menschen verbesserten sich die Lebensbedingungen, wie es noch nie zuvor in der Geschichte der Menschheit geschehen war. Die klassenlose Gesellschaft und der Kommunismus waren vielleicht noch nicht ganz tot, aber sie lagen im Sterben.

Und Dorjee hatte beschlossen, diesen Tod für sich auszunutzen.

DER BARDO DES WERDENS

Das Wägen der Taten

Der Lama erwachte und erinnerte sich an seine Begegnung im Traum-Bardo. Immer noch zog er die Möglichkeit in Betracht, dass er dem Traum nur seine Wunschvorstellung aufgezwungen hatte. Er leerte seinen Geist, erforschte sein Inneres und kam zu dem Schluss, dass er nie mit absoluter Gewissheit behaupten könne, ob seine Vision tatsächlich seinen Freund im Bardo gezeigt hatte. Sein Herz sagte ihm, dass es nicht wichtig war, ob es die Wahrheit war. Wichtig war nur, dass er seinem Freund beistand. Sollte alles eine große Illusion sein und seine Vision von Dorjee nur in seinem Geist existieren – so war es dennoch das Rechte für seinen Geist, der Vorstellung seines Freundes beizustehen. War er hingegen Dorjee im Bardo der Dharmata tatsächlich begegnet, so war es ebenfalls das Rechte, seinem Freund beizustehen. Es machte keinen Unterschied.

Wichtig war, dass er, der Lama, Dorjee Wangchuk nicht nur durch das Lesen des Bardo Thödol begleitete, sondern ihm darüber hinaus im Traum-Bardo Kraft schicken konnte.

Sonam hatte diesmal noch deutlicher gespürt, wie die Angst ein Stück weit ihre Macht über seinen Freund verloren hatte. Vielleicht hätte Dorjee tatsächlich zur Einsicht finden können, wenn sich der Traum-Bardo nicht wieder vom Bardo der Dharmata gelöst hätte.

Der Lama seufzte. Zu spät. Seinem Freund stand noch einiges bevor, ehe er wiedergeboren werden würde. Er hatte im Bardo der Dharmata nicht zur Befreiung gefunden. Nun würde er durch den Bardo des Werdens gehen müssen. Es gab noch eine geringe Chance, dass Dorjee Befreiung erlangen konnte. Eine sehr geringe Chance, denn nun stand ihm das »Wägen der Taten« bevor, wo er allem, was er an Gutem und Schlechtem in seinem Leben getan hatte, wieder begegnen würde. Und diese Begegnung würde alles andere als angenehm sein.

Der Lama spürte, dass sein Kopf gesunken und seine Schultern wie von einer starken Last gebeugt waren und richtete sich wieder gerade auf. Seine Aufgabe war es, dem Freund beizustehen. Und das tat er, indem er ihm das Bardo Thödol las.

»Dorjee, höre gut zu! Du hast im Bardo der friedvollen und zornigen Gottheiten nicht zur Einsicht gefunden, und so musst du nun das Leid ertragen, mit dem deine eigenen Taten dein Karma beschwert haben. Yama, der Herr des Todes, wird dir begegnen und du wirst Entsetzen verspüren und dazu neigen zu lügen. Doch deine Lügen sind sinnlos und werden dir nur weitere Qualen bereiten. Dorjee, sammle dich und rufe dir ins Bewusstsein, dass dich nichts wirklich verletzen kann, nichts kann dich töten. Deine Gestalt ist Leere, alle Erscheinungen sind Illusion und Leere – begreife dies und du wirst eins mit allem ….«

Sofort spürt Dorjee, dass sich etwas Grundlegendes geändert hat. Er befindet sich in einer Art Tempel – allerdings ein Tempel der Götter selbst: Die Säulen, die das Dach tragen, sind höher als der Berg Meru, das Dach selbst ist hoch wie die höchsten Wolken.

Durch die enorme Weite dieses Gebäudes hallt die Stimme des Lama, gleichzeitig klingt sie direkt aus der Mitte von Dorjees Kopf. Und vielleicht ist das ein und derselbe Ort.

»... das Leid ertragen, mit dem deine eigenen Taten dein Karma beschwert haben. Yama, der Herr des Todes ...«, hört Dorjee seinen Freund lesen, und er erstarrt vor Furcht. Bislang ist die Angst in jeder Vision stärker geworden. Wenn nicht unbegreiflicherweise der Lama ihm im Bardo leibhaftig gegenübergetreten wäre, ihn umarmt, ihn ermahnt und ihn getröstet hätte – was wäre ihm dann wohl geschehen? Vielleicht wäre er jetzt ein Wurm, ein Käfer, eine Ratte ... Was nun kommt, wird sicherlich wieder schrecklicher als alles Vorhergehende. »Yama, der Herr des Todes ...« Der Name lässt kaltes Grauen in Dorjees Seele aufsteigen und lähmt ihn.

»Lüge nicht, Dorjee, es ist sinnlos ...« Dorjee will nicht lügen. Er glaubt, dass er gar nicht lügen kann. Die Angst in ihm wird sprechen.

Wo ist der, den er nicht anlügen soll und nicht anlügen will?

Indem Dorjee dies denkt, manifestiert sich der gewaltige Todesgott Yama. Tiefblau ist seine Haut, er hat drei rollende Augen und lange, bluttriefende Fangzähne. Dorjee ist fast vollkommen erstarrt und fällt auf die Knie.

Der berggroße Todesgott schreitet mit stampfendem Schritt auf ihn zu und wird dabei immer kleiner an Gestalt, aber noch furchtbarer im Aussehen. Nun ist er nur noch so groß wie ein Haus.

»Dorjee!«, donnert der Gott. »Zeige mir deine guten und deine schlechten Taten!«

Dorjee weiß nicht, wie er das tun soll, doch da scheint sich seine Seele in drei Teile zu teilen. Zwei dieser Geistwesen fliegen davon, und das, was von Dorjee bleibt, fühlt sich für einen Moment seltsam frei. Doch schon kommen die Geistwesen, die sich von ihm abgespalten haben, zurück. Dorjee ist wieder ganz und voller Entsetzen.

Eines der Geistwesen hat einen großen Korb voll schwarzer Steinchen dabei. Das andere trägt auch einen Korb, doch es sind nur wenige weiße Steinchen darin. Dorjee weiß, das sind seine Karma-Steine, seine guten und schlechten Taten.

Der Todesgott blickt Dorjee durchdringend an. »Haben die guten oder die schlechten Taten in deinem Leben überwogen?« Seine Stimme lässt die Welt erzittern. Dorjee vergisst, dass er nicht lügen darf und spricht mit bebender Stimme: »Ich war kein böser Mensch. Sicher haben meine guten Taten Gewicht.« Er selbst könnte nicht sagen, was diese guten Taten gewesen sein sollten.

Yama fletscht die Zähne. »Ich werde in den Spiegel deiner Taten sehen.« Eine Seite des riesigen Raumes wird zu einem Spiegel, und Dorjee sieht all die Schandtaten, die er begangen hat. Er weiß nun, dass er den Gott nicht täuschen kann.

Plötzlich packt Yama ihn, reißt ihm erst einen Arm heraus, dann den anderen und beginnt, an ihnen zu nagen. Er reißt Dorjee den Kopf ab, zerschlägt die Hirnschale und schlürft sein Gehirn, er reißt Dorjees Herz heraus und frisst auch dieses.

Dorjee aber stirbt nicht. Er kann nicht sterben, denn er ist ja bereits tot. Sein Körper wird wieder ganz, und Yama legt ihm einen Strick um den Hals und zerrt ihn fort. Dorjee ist voll unsagbarer Panik vor den Qualen, die ihm bevorstehen. Es gibt keinen Weg hinaus. Immer und immer wieder wird er geschlachtet und gefressen, immer und immer wieder ersteht er aufs Neue. Und da Dorjee trotz allem nie das Bewusstsein verliert, nehmen die Qualen kein Ende.

Doch da, auf einmal, vernimmt er neben dem Schlürfen, Schmatzen und dem Bersten von Knochen die Stimme seines Freundes, des Lama: *»… habe keine Furcht vor Yama. Sieh ein, dass du ein Geist-Wesen bist und nicht wirklich sterben kannst, obwohl du geschlachtet und zerstückelt wirst. Deine Gestalt besteht in Wahrheit aus Leere, also musst du nichts fürchten. Auch die Erscheinung von Yama ist eine Gestalt der Illusion und der Leere.«*

Dorjee hat alle Qualen erlebt, und seine Angst lässt ein wenig nach, da er die vertraute Stimme hört und sich auf sie konzentriert.

Wie eine Luftspiegelung sieht er nun auch den Lama. Diesmal kann er nicht umarmt und getröstet werden, da er in viele Teile zerstückelt wurde. Doch viel stärker als das Gefühl des Trostes ist die schlagartige Erkenntnis, dass der Lama ihm die Wahrheit sagt: Alles, was er erlebt, ist Illusion. Er kann die Illusion noch nicht abwerfen, aber es hilft schon, darum zu wissen, dass es Illusion ist.

Dorjee gibt jeden Widerstand auf, gesteht sich und dem Todesgott all seine üblen Taten – und Yama beginnt, sich allmählich aufzulösen.

Bereits 1978, sobald er nach den Wirren der Kulturrevolution wieder in seine Ämter eingesetzt worden war, hatte Deng Xiaoping sofort begonnen, seine Pläne umzusetzen. An den Universitäten wurde nun wieder studiert, gelehrt und geforscht. Die Volkskommunen wurden aufgelöst, und die Bauern konnten nun ihre Arbeit selbstbestimmt verrichten. Sie entschieden, was sie anbauten, und durften den Großteil ihrer Ernte in Eigenverantwortung verkaufen. Überall in China, ganz besonders aber in Tibet, atmeten die Menschen auf. Das Leben der einfachen Leute ging seinen gewohnten Gang – wen interessierte schon, was die Politiker sagten und taten, solange sie sich nicht in den Alltag einmischten. Gerade die, die früher in Leibeigenschaft gelebt hatten, waren heute freier als jemals zuvor.

Wäre nun auch noch die Religion frei gewesen, hätte Tibet tatsächlich ein neues, besseres Land werden können. Doch die Kommunisten waren jeglicher Religion gegenüber höchst misstrauisch geblieben; Karl Marx hatte ja bereits vom »Opium für das Volk« gesprochen. Und die Kommunistische Partei fürchtete noch immer, dass die Religion eine organisierte Konkurrenz für sie sei, dass sie den Menschen verspräche, was sie sich wünschten, und dass sie heimlich oder offen die Ziele des Kommunismus untergrub und zersetzend wirkte. Dass die viel größere Gefahr aber genau daraus erwuchs, den Menschen ihre spirituelle Zuflucht zu verwehren, verstanden weder die Partei noch Deng Xiaoping.

Nach wie vor war das Bild des Dalai Lama verboten. Nachdem die Chinesen von seinen Verbindungen zu den USA und dem CIA erfahren hatten, war der Dalai Lama als antichinesischer, korrupter Scharlatan dargestellt worden. Wer sein Bild bei sich trug oder auch nur zu Hause aufgehängt hatte, riskierte, bestraft zu werden.

Auf der anderen Seite verbesserte sich die Lage aber auch. Die Klöster wurden nach und nach wieder aufgebaut und eine wenn auch vom Staat limitierte Zahl von Mönchen bevölkerte die alten Kultstätten. Nach wie vor spielte der Buddhismus eine große Rolle im Leben der Tibeter.

Für Dorjee lief alles bestens. Deng meinte es offensichtlich ernst damit, das Land für die Marktwirtschaft zu öffnen. Dorjee war an seinem Ziel. Als Erstes eröffnete er in Guangzhou, der alten Handelsstadt Canton, einen internationalen Kunsthandel. Er verkaufte die erlesensten chinesischen und vor allem tibetischen Antiquitäten und Kunstgegenstände. Bald galt er bei den Kunsthändlern in den USA und Europa als Geheimtipp. Bei »Don Wang«, wie er sich nannte, gab es verschollene und verloren geglaubte tibetische Schriften und Thangkas, von denen man angenommen hatte, dass sie der Kulturrevolution zum Opfer gefallen waren. Die chinesische Regierung hatte den Wert alter Kulturgüter noch nicht erkannt, sodass es in den ersten Jahren für Dorjee ein Leichtes war, Kunstgegenstände von unschätzbarem Wert außer Landes zu bringen. Die ersten Statuen, Thangkas und Schriftrollen, die Dorjee verkaufte, ließen die Händler in New York, London und Berlin jubeln – die Gewinnspanne war enorm – und das, obwohl Dorjee Preise forderte, die sogar ihm selbst absurd vorkamen. Aber Dorjee war kein Dummkopf, und die Preise stiegen weiter, bis die Händler beinahe verzweifelten. Da die Objekte, die »Don Wang« anbot, jedoch einzigartig waren, wurden auch die höheren Preise gern gezahlt.

Dorjee versuchte, die Verbindung zu Deng aufrechtzuerhalten. Deng war ein Mann nach seinem Geschmack, ja, er bewunderte ihn geradezu. Deng war kein Ideologe, sondern mit ganzem Herzen Praktiker. 1982 war Deng Xiaoping zwar weder Premierminister noch Parteivorsitzender, doch faktisch hatte er alle Macht in den Händen. Als man ihn fragte, ob er nicht die höchsten Ämter anstrebe, entgegnete er: »Ich habe schon Namen und Ruhm. Mehr brauche ich nicht.« Und in der Tat – Namen und Ruhm hatte er längst. Er war es, der 1983 mit Margaret Thatcher über Hongkong verhandelte; er war es auch, der die Ausgaben für das Militär auf ein Viertel zurückfuhr und dafür sorgte, dass er von USA Technologie bekam, die der Sowjetunion vorenthalten wurde.

Deng hatte in den letzten Jahren die Marktwirtschaft vorangetrieben, und vom Kommunismus Maos war nur noch der Name übrig. Als ihn Helmut Schmidt, der Kanzler der Bundesrepublik Deutschlands 1984 darauf ansprach und meinte, dass die KP Chinas doch gar keine kommunistische Partei mehr sei, und er, Deng, kein Kommunist sondern eher Konfuzianer, lächelte Deng nur, zuckte mit den Schultern und sagte: »Na und?«

China war auf dem Weg zu einer wirtschaftlichen Weltmacht. »In einigen Jahrzehnten werden wir die USA überflügelt haben!«, meinten die Optimisten. Unter Deng stiegen die Exporte Chinas um das Hundertfache. In China begann eine Zeit ungeahnten Wohlstandes. 1985 war Deng Xiaoping zum zweiten Mal »Mann des Jahres« auf dem Cover des *Times Magazins.* 1988 verkündete er ganz offiziell, dass die Marktwirtschaft eine der Säulen des »Sozialismus chinesischer Prägung« sei. Nun wurden auch die Preisvorgaben, die die Regierung bisher gemacht hatte, aufgehoben, und der Kapitalismus nahm an Fahrt auf. Es war eine Revolution, so bedeutend wie die Revolution Maos, doch ohne Blutvergießen. Endlich konnte man auch Immobilien erwerben – doch wie zu erwarten, stürzten sich sofort Spekulanten auf den neuen Wohnungsmarkt. Dorjee, der mittlerweile der reichste Tibeter war, spielte das Spiel natürlich allzu gern mit: Er kaufte jeden Besitz auf, den er bekommen konnte – in Lhasa, in Guangzhou, in Beijing und Shanghai gehörten ihm bald die wertvollsten Immobilien, deren Preis schon bald ins Unermessliche steigen sollten. Dorjee war über alle Maßen reich geworden, so reich, dass er über sich selbst staunte.

Der Kapitalismus erfüllte Dorjees Traum. Doch für viele Chinesen war dieser Traum ein Albtraum. Manche wurden reich wie Dorjee. Doch seit die Preise freigegeben worden waren, gab es eine starke Inflation. Die Preise stiegen, die Kluft zwischen Arm und Reich wuchs stetig, und die Korruption war schlimmer denn je.

1989 hatte Deng den Höhepunkt seiner Popularität überschritten. Immer mehr Menschen murrten und immer häufiger kam es zu Protesten. In Beijing herrschte nahezu Panikstimmung, seit sich der Zerfall der Sowjetunion abzuzeichnen begann. Ähnliches musste in China unbedingt verhindert werden!

In dieser Stimmung kam Michail Gorbatschow, der Generalsekretär der KPdSU, auf einen Staatsbesuch. Am 18. März hatten sich über eine Million Menschen auf dem Tian'anmen-Platz, dem »Platz des Himmlischen Friedens«, versammelt, um Gorbatschow, der »Perestroika« und »Glasnost«, »Umgestaltung« und »Transparenz«, eingeführt hatte, zuzujubeln und gleichzeitig gegen Inflation und Korruption und für mehr Demokratie in China zu demonstrieren. Die größtenteils friedliche Revolution in Osteuropa war vor allem für die jungen Studenten ein Vorbild: Auch in China sollten die Regierenden künftig vom Volk bestimmt werden!

Deng war absolut dagegen. Mao hatte daran geglaubt, dass die Volksmassen die Revolution voranbringen würden. Doch spätestens nach der Kulturrevolution, der er von vorneherein eher ablehnend gegenübergestanden hatte, war Deng davon überzeugt, dass die Massen durch gut ausgebildete und erfahrene Berufspolitiker gelenkt werden mussten, wenn China vorankommen wollte.

Ganz anders sahen das die Protestierenden. Sie hatten sich Gorbatschow als Vorbild auserkoren und waren davon überzeugt, dass nun auch in China eine große Reform anstünde. Die überwiegend jungen Leute blieben auf dem Tian'anmen-Platz, auch wenn die hygienischen Umstände und die Versorgung mit Wasser und Nahrungsmitteln allmählich problematisch wurden. Einige Studenten errichteten Zelte, und die Studierenden der Kunstakademie schufen eine zehn Meter hohe Statue der »Göttin der Demokratie«.

Dorjee begann, sich ernsthaft Sorgen zu machen. Als berühmter Kunsthändler verkehrte er regelmäßig mit Professoren und Kunststudenten der Akademie und versuchte nun, sie zu beruhigen. Er sah schon wieder eine neue Art Fanatismus aufkeimen – und eins war ihm inzwischen klar: Jede Art von Fanatismus war schlecht für das Geschäft und schlecht für die Menschen. Doch das Zauberwort »Demokratie« hatte sich wie eine Verheißung in die Köpfe der Protestierenden gebrannt.

Eine Weile noch sah sich die Regierung das Treiben mit gemischten Gefühlen an. Nicht zuletzt wegen der zunehmenden Seuchengefahr und gleichermaßen zunehmenden Politisierung der Demonstranten wurde schließlich beschlossen, den Platz räumen zu lassen. Unbewaffnete Soldaten wurden losgeschickt, doch sie wurden von den aufgebrachten Demonstranten zurückgedrängt. Die von den Soldaten errichteten Barrikaden wurden durchbrochen. Anfangs waren die Zusammenstöße relativ gewaltlos. Doch die Stimmung kippte von Tag zu Tag immer mehr. Inzwischen waren schon etliche Menschen aufgrund der mangelhaften Hygiene und Versorgung zusammengebrochen. Der Platz begann, erbärmlich zu stinken, da die Fäkalien und der angefallene Müll nicht weggeschafft werden konnten. Anfang Juni befanden sich immer noch rund fünftausend Menschen auf dem Platz.

Schließlich war die Regierung nicht mehr bereit, dem Treiben weiterhin tatenlos zuzusehen, und den Demonstranten wurde ein Ultimatum gestellt: Bis um sieben Uhr am nächsten Morgen müsse der Platz geräumt sein. Ansonsten würden Soldaten den Befehl erhalten, die Demonstration aufzulösen.

Nur wenige folgten der Aufforderung, und am Morgen des 3. Juni rollten Panzer auf den Platz. Nachdem die Zelte geräumt worden waren, walzten die Panzer alles nieder. Auf dem Platz des Himmlischen Friedens war der Protest vorbei. Bei dieser Aktion, die im Westen als »Tian'anmen-Massaker« bekannt wurde, kam kein Mensch zu Schaden. Das galt allerdings nicht für die umliegenden Viertel, deren Straßen von den Demonstranten blockiert worden waren. Zunächst hielt sich das Militär zurück. Doch nachdem fanatisierte Gruppen Molotow-Cocktails und Steine auf Soldaten warfen und zwei Soldaten von einem Wagen zerrten und lynchten, schlug das Militär mit aller Kraft zurück. Das schreckliche Ergebnis waren über zweitausend tote Zivilisten und zweihundert tote Soldaten. Viele Hunderte von Menschen wurden verhaftet und zu langen Gefängnisstrafen verurteilt. Dorjee, der all das mit Entsetzen verfolgt hatte, gewährte fünf seiner Freunde von der Kunstakademie Zuflucht und organisierte über seine vielfältigen Kontakte deren heimliche Ausreise über Hongkong in die USA.

Dorjee stand der Demokratiebewegung nicht uneingeschränkt positiv gegenüber. Seit er die Macht der ungezügelten Massen bei der sogenannten Kulturrevolution erlebt hatte, hatte er für demokratische Bestrebungen nur Spott übrig. Seinen fünf Künstlerfreunden hielt er noch eine kleine Predigt, bevor er sie auf den Weg nach Hongkong brachte. »Seht euch an, wie dumm der Durchschnittsmensch ist! Und dann begreift doch, dass die Hälfte aller Menschen noch dümmer ist. Und die sollen dann darüber entscheiden, wer den Staat lenkt? Warum nicht gleich das Los werfen?« Und dennoch half er seinen Freunden nicht nur bei der Flucht, sondern besorgte ihnen sogar Visa für die Vereinigten Staaten. »Und selbst wenn ihr unbedingt wollt, dass alle eurer ›Göttin der Demokratie‹ huldigen – das habt ihr nun gründlich verhindert. Von jetzt an wird es für eure Ideen noch schwieriger werden.«

Nach dem Desaster rund um den Platz des Himmlischen Friedens sollte es sehr lange dauern, bis in China wieder jemand für demokratische Ideen auf die Straße ging. Die Menschen kümmerten sich, wie auch Dorjee, vor allem um ihr materielles Fortkommen. Und da der Lebensstandard in China stieg wie noch nie zuvor, gab es auch weniger Anlass für Demonstrationen.

Und doch hatten die vielen Toten Dorjee zutiefst schockiert, hatte er doch gehofft, dass solche Zeiten nie wiederkommen würden. Deng war auch nicht mehr zugänglich.

Dorjee hatte über seine gewohnten Kanäle versucht, ein Gespräch mit ihm zu führen, obwohl er eigentlich mit Politik nichts mehr zu tun haben wollte. Aber Deng zog sich immer mehr zurück und war nicht bereit, ihn zu empfangen. Mit Deng ging es ohnehin dem Ende zu. Er war vierundachtzig und litt schon länger unter Parkinson. Deshalb beschloss Dorjee, sich endgültig in Tibet niederzulassen. Er war nun schon Mitte fünfzig, und es wurde höchste Zeit, eine Familie zu gründen.

Dorjee war außerordentlich reich, er verfügte über Macht, er war weltgewandt und angesehen; er war gesund und sah für sein Alter noch sehr gut aus. Eine Frau zu finden sollte da wohl eine leichte Übung sein. Und wäre Dorjee ein einfacher Mensch gewesen, so wäre es sicher auch einfach gewesen. Aber das war er nicht. In seinem ganzen Leben hatte Dorjee nur ein einziges Mal innig geliebt – und wie bitter war er enttäuscht worden. Yali! Yali … je intensiver ihre Gestalt, ihre Stimme, ihre süßen und falschen Worte in seinem Inneren ein lebendiges Bild formten, desto mehr wurde sein Geist von zwei Gefühlen beherrscht, die einander entgegengesetzt waren: Zum einen erwachte die tiefe Liebe, die er Yali gegenüber empfunden hatte, wieder zum Leben, so als wäre sie nie gestorben. Zum anderen wuchs gleichzeitig sein Hass. Der weiße und der schwarze Wolf in Dorjees Seele kämpften miteinander. Wenn Liebe und Hass miteinander streiten, ist der Kampf nie fair, denn das Gift des Hasses dringt in alle Ritzen des Seins und tötet auch den kleinsten Keim der Liebe und des Mitgefühls. Dorjee fütterte die hasserfüllten Gedanken in seinem Geist, fütterte den schwarzen Wolf in seinem Herzen. Und der schwarze Wolf gewann.

Um Dorjees Lippen spielte ein böses Lächeln. Ja, da war in der Tat noch eine Rechnung offen. Er hatte schon vor Jahren festgestellt, dass sich durch Geld und Macht praktisch alles erreichen ließ. Seine Geschäftspartner hatten das schon öfter zu spüren bekommen, wenn sie sich gegen ihn stellten. Einige von ihnen saßen im Gefängnis, andere hatten Narben, die sie daran erinnerten, dass mit »Don Wang« nicht zu spaßen war. Und ein paar würden sich nie wieder an irgendetwas erinnern. Wenn Geld keine Rolle spielte, wie lang könnte es da wohl dauern, bis er Yalis Aufenthalt herausfinden und sich an ihr rächen könnte?

Es dauerte nicht einmal eine Woche. Dorjee hatte einen alten Kameraden kontaktiert, von dem er wusste, dass er in nicht völlig legale Geschäfte verstrickt war. Der wiederum hatte seine Verbindungen spielen lassen und nach sechs Tagen wurde der »Vollzug« des Auftrags gemeldet.

Dorjee wollte gar nicht genauer wissen, was geschehen war. Er hatte von »bestrafen« gesprochen, aber ausdrücklich betont, sie nicht zu töten. Dorjee bereute ein wenig, keine genaueren Instruktionen gegeben zu haben. Aber die Bestrafung Yalis konnte sein Gemüt nicht besänftigen. So tief hatte sich der Hass in Dorjees Seele gefressen, dass der winzige Same des Mitleids in seinem Herzen sogleich wieder starb.

Rund ein Jahr später erfuhr er, dass Yali einen üblen Unfall gehabt hatte und querschnittsgelähmt war. Dorjee wusste nicht, ob das die Folge der »Bestrafung« war oder ob der Unfall überhaupt nichts mit ihm zu tun hatte. Und er wollte es lieber auch nicht wissen. Lange Zeit plagten ihn Albträume.

Die Angelegenheit mit Yali hatte Dorjees Seele noch mehr verhärtet. Im Bewusstsein seiner Macht wurde sein Geschäftsgebaren immer aggressiver und seine Konkurrenten begannen ihn zu fürchten. Als die neuen Medien sich ausbreiteten, war er einer der Ersten, der ihre Bedeutung erkannte und investierte. Er wurde mit jedem Tag skrupelloser, entließ Arbeiter, wann immer ihm danach war; er knüpfte Verbindungen zu zwielichtigen Gestalten und korrupten Politikern. Schon bald fühlte er sich unbesiegbar. Er war einer der reichsten Chinesen und mit Abstand der reichste Tibeter. Und jetzt würde er endlich heiraten.

Seine achtundzwanzigjährige Frau kam aus einer guten Familie. Sie war wunderschön, spielte Klavier und Geige, sprach fließend Englisch und Französisch – vor allem aber bewunderte sie Dorjee aus ganzem Herzen. Tatsächlich verliebte er sich ein wenig in sie. Doch was er für Liebe hielt, war in Wahrheit nur ein Teil der Gier, Schönes zu besitzen. Er besaß seine junge Frau wie ein wertvolles Gemälde. Er besaß ihren Körper, ihren Geist und ihre Seele. Doch als Yang Xiaolin nach drei Jahren noch nicht schwanger war, ließ er sich scheiden.

Kurz darauf heiratete er zum zweiten Mal. Er bemerkte den Wechsel kaum. Aber auch Sangmo wurde nicht schwanger. Also verließ er auch sie. Er wollte einen Sohn. Die Frau dazu war nur Beiwerk. Lieben konnte er seit Yali ohnehin nicht mehr.

Den letzten Tag des Jahres 1999 verbrachte er allein zu Hause, in seiner Villa in Lhasa. Er sah dem neuen Jahrtausend nicht mit Freude entgegen. Lustlos und gelangweilt schaltete er kurz nach Mitternacht seine Computer ein, um festzustellen, ob es tatsächlich, wie viele behauptet hatten, schwere Probleme geben würde. Beinahe war er traurig, dass die angekündigte Katastrophe ausblieb.

Er wünschte jetzt, Sonam, der ihn am Abend besucht hatte, wäre länger geblieben. Doch Dorjee, der die ewigen Moralpredigten nicht mehr ausgehalten hatte, hatte vorgegeben, müde zu sein und seinen Freund hinauskomplimentiert.

Dorjee hatte alles gründlich satt. Materiell besaß er alles, was man sich wünschen konnte – nur Liebe und inneren Frieden besaß er nicht. Und er wusste, dass ihm alles Geld der Welt diese Dinge nicht kaufen könnte. Vielleicht war sein Freund doch den besseren Weg gegangen. Aber nun war es zu spät für ihn. Er fühlte sich verloren.

Das Jahr 2000, was würde es wohl bringen? Immer mehr von dem immer selben. Er würde in diesem Jahr fünfundsechzig Jahre alt werden, ein alter Mann. Sollte er vielleicht doch noch einmal versuchen, eine junge Frau zu finden und Kinder zu zeugen? Aber wozu? Wozu das alles?

Der letzte Weg

Sonam Tsering erwachte schweißgebadet. Zu sehen, wie sein Freund zerrissen, zerstückelt und gefressen wurde, war schrecklich gewesen. Er hatte einige furchtbare Dinge in seinem langen Leben gesehen; doch das war furchtbarer als alles andere. Der Lama spürte sein Herz rasen und führte ein paar beruhigende Atemübungen durch. Erst dann fiel ihm auf, dass er das, was er erlebt hatte, nicht erklären konnte. Er war im Traum-Bardo gewesen, der – unerklärlich genug – mit dem Bardo des Werdens verbunden war. Doch das wirklich Seltsame war, dass er gesehen hatte, wie Dorjee gemartert wurde. War denn nicht all das Illusion? Offenbar hatte er die Illusion seines Freundes miterlebt.

Der Lama zog die Stirn in Falten. Wie konnte das sein? Er hatte keine Antwort darauf. Und es folgte ein beunruhigender Gedanke: Wenn er die Illusion nicht durchdrungen hatte – wie würde es ihm dann wohl ergehen, wenn er stürbe? Würde auch er durch den Bardo der Dharmata und den Bardo des Werdens irren müssen und schließlich wiedergeboren werden?

Als der Rinpoche merkte, wie seine Gedanken im Kreis liefen und er sich in Sorgen zu verlieren drohte, lächelte er. Die unangenehmen Empfindungen lösten sich auf und seine Sorgen verschwanden. Schließlich lachte er. Er lachte laut über sich selbst: Sein Leben lang hatte er sich darauf vorbereitet, das Wesen aller Dinge als Illusion zu verstehen, sein Ich als die größte Illusion von allen – und doch war er für einen Moment ganz dieser Illusion verfallen.

Und wer weiß – vielleicht waren seine Erlebnisse im Traum-Bardo und seine Begegnungen mit seinem verstorbenen Freund ja auch nur Illusionen, die aus ihm selbst kamen. Das spielte keine Rolle. Er würde seinem Freund so oder so beistehen. Nun würde Dorjee bald wiedergeboren werden. Sein Karma hatte ihn zu sehr beschwert, um Einsicht und Befreiung zu erlangen. Darum musste er wohl einen neuen Kreislauf im Rad des Lebens beginnen.

Vielleicht war dies nun eine der wichtigsten Phasen auf der Reise durch den Bardo. Die vorausgegangenen Belehrungen und Warnungen waren sehr wichtig gewesen. Immerhin hatte die, wenn auch geringe, Möglichkeit bestanden, dass sich trotz all des schlechten Karmas die Einsicht durchsetzte und Dorjee Erleuchtung erlangte und sich aus dem ewigen

Kreislauf befreite. Denn dies war ja das wunderbare Versprechen des Bardo Thödol: dass auch der größte Übeltäter zur Einsicht kommen und befreit werden konnte. Der Lama seufzte. Ja, möglich war es wohl. Doch das Karma wog in der Regel zu schwer. Also konzentrierte er sich jetzt auf die Wiedergeburt.

Dorjee musste auf den richtigen Weg gebracht werden, damit er nur nicht als Asura, Tier, Hungergeist oder Höllenwesen wiedergeboren würde. Das durfte nicht geschehen. Dann wäre er für unzählige Zeitalter weiter an den Kreislauf von Geburt, Leiden und Tod gebunden. Wenn Dorjee schon nicht als göttliches Wesen wiedergeboren werden konnte, dann doch wenigstens als Mensch: Das war vielleicht das Beste, denn dann konnte er vielleicht schon im nächsten Leben die große Befreiung erlangen oder als Bodhisattva wieder freiwillig auf die Welt kommen, um anderen Wesen beizustehen.

Der Lama lächelte über seine Gedanken. Es würde geschehen, was geschah. Er würde tun, was zu tun war. Er wusch sich, verrichtete seine Notdurft, setzte sich zur Meditation nieder und leerte seinen Geist. Dann war er bereit, die letzten Seiten des Bardo Thödol zu lesen. *Mögen meine Worte Dorjee erreichen,* dachte er und begann.

»Dorjee Wangchuk, höre aufmerksam zu. Deine Taten wurden gewogen und du hast durch die Last deines Karma viele Leiden ertragen müssen. Nun aber gehst du deiner Wiedergeburt entgegen. Der Wunsch nach einem neuen Körper wird immer stärker in dir werden. Doch höre! Deine früheren Taten lassen dir ein Licht besonders deutlich erscheinen – lass dich nicht davon anziehen! Bleibe unvoreingenommen, betrachte die Lichter als Eines, als das Licht Buddhas. Noch kannst du die Wiedergeburt verhindern …«

Dorjee hat sich verändert. Indem er dem Todesgott alle seine schlechten Taten eingestanden hat, nachdem er zerstückelt und gefressen wurde, nachdem er sich nun wieder unzerteilt empfindet, beginnt er zu begreifen, dass tatsächlich alles, was er erlebt, aus ihm selbst stammt, dass alle Schrecken die Spiegelungen seines Karma sind. Er steht kurz davor, den Schleier der Illusion zu zerreißen. Und dort bleibt er stehen.

Denn sich selbst, sein Ich, als Illusion zu erkennen, gelingt ihm nicht. Und das, obwohl sich nun selbst sein Scheinkörper aufzulösen beginnt. Er ist nur noch wechselndes Licht.

Überall um ihn herum sind ebenfalls Lichter. Ein weißes, das ihm zu durchdringend scheint, ein rotes, das ihm unheimlich ist, ein blaues, das angenehm warm scheint, ein grünes, das noch beruhigender und wärmer wirkt, ein gelbes, das ihn abstößt, und ein rauchiges, das ihm Angst bereitet.

»… das weiße strahlenlose Licht der göttlichen Wesen, das rote Licht der Asura, das blaue Licht der Menschen, das grüne Licht der Tiere, das gelbe Licht der Hungergeister, das rauchige Licht der Höllenwesen …«

Dorjee hört die Stimme des Lama.

Zu den Menschen!, denkt sich Dorjee und fühlt sich doch von dem grünen Licht angezogen. Er spürt, wie er sich langsam auflöst. Er hat keinen Körper mehr – nicht einmal mehr einen illusorischen. Er sehnt sich so sehr danach, wieder einen Körper zu haben, zu atmen, zu fühlen …

»… deine früheren Taten lassen dir ein Licht besonders deutlich erscheinen – lass dich nicht davon anziehen! … «

Dorjee ist verzweifelt, doch er vertraut der Stimme, die ihn schon so lange, so unendlich lange durch die Zwischenwelt begleitet hat. Und so gibt er dem Drang nicht nach, auf das grüne Licht zuzugehen. Er versucht, unvoreingenommen zu bleiben und seine Gedanken ganz auf Buddha zu richten.

»… Noch kannst du die Wiedergeburt verhindern …«

Diese Worte beruhigen Dorjee nicht. Er will wiedergeboren werden, er will wieder einen Körper haben und sei es nur der eines Tieres!

Doch das Vertrauen in seinen Freund hält ihn weiterhin davon ab, sich in das grüne Licht zu stürzen. Der Gedanke an seine Wiedergeburt aber bleibt hartnäckig in seinem Geist. Dieses eine, sein Ich, kann er nicht loslassen. Langsam, mit großem Begehren und gleichzeitig widerstrebend, bewegt er sich auf das grüne Licht zu – dort wird er wieder leben und einen Körper bekommen.

Eine strahlende, durchsichtige Gestalt schiebt sich zwischen Dorjee und das Licht der Tierwelt, und schlagartig hält Dorjee inne. Entsetzt wird ihm bewusst, dass er beinahe in das grüne Licht gegangen und als Tier wiedergeboren worden wäre. Die strahlende Gestalt nimmt vertraute Form an: Wieder einmal hat sein Freund, der Lama, ihn davor bewahrt, einen schrecklichen Fehler zu machen.

2000 – *Der Zweifel*

Dorjee dachte immer häufiger an den Tod. War es das Alter? Die durchschnittliche Lebenserwartung eines Tibeters, die seit der chinesischen Invasion enorm gestiegen war, hatte er immerhin schon überschritten. Je häufiger er an den Tod dachte, desto mehr begann er, ihn zu fürchten. Er sprach lange mit Sonam, und seinem Freund gelang es, ihn für kurze Zeit wieder etwas aufzurichten. Aber das hielt nie lange an.

»In jedem Moment«, sagte Sonam, »kannst du Befreiung erlangen. Dorjee, mein lieber Freund, gib deine Ängste und deine Gier auf!«

»Ich weiß nicht wie.«

»Ich werde es dich lehren, wenn du willst.«

Doch Dorjee versprach sich nichts davon; es wären doch nur Worte. »Später einmal. Du sagst doch: In jedem Moment kann ich Befreiung erlangen. Es eilt also nicht.«

Sonam schüttelte nur den Kopf und sah ihn mitleidsvoll an.

Dorjee war gesund und kräftig, er hatte Geld und Macht – doch er hatte kein Ziel mehr. Er hätte in einer luxuriösen Villa in der Karibik oder an der Côte d'Azur leben können, mit Privatjet, Luxusyacht und allem Komfort. Aber das interessierte ihn nicht. Je älter er wurde, desto mehr fühlte er sich als Tibeter.

Schließlich beschloss er, doch noch einmal zu heiraten. Dieses Mal würde er seinem Herzen folgen – und er würde vor der Hochzeit eine ärztliche Untersuchung fordern, um sicherzugehen, dass aus dieser Verbindung auch Kinder hervorgehen würden.

So begab er sich wieder in Gesellschaft. Und wider jede Erwartung verliebte er sich in Drölma Yongdzin. Es war vielleicht nicht das Liebesfeuer der Jugend, doch es war stark genug, Yali endlich ein für alle Mal zu vergessen. Dorjee blühte auf. All seine depressiven Gedanken schmolzen in Drölmas Armen dahin, er wurde milder und spottete nie über den Buddhismus Drölmas. Sogar auf die ärztliche Untersuchung verzichtete er. Nach wie vor hätte er zwar gern einen Sohn, vor allem aber wollte er Drölma nahe sein. Drölma jedoch kannte Dorjees heimlichen Wunsch nur zu gut, und so bestand sie selbst auf der Untersuchung. Sie wollte ihn nicht enttäuschen. Immerhin war sie zwar viel jünger als Dorjee, doch mit vierzig Jahren war sie in einem Alter, in dem sie möglicherweise keine Kinder mehr bekommen konnte. Der Arzt fand indes keine Probleme, schlug aber vor, dass auch Dorjee sich untersuchen lassen möge. Dorjee lachte erst darüber. Dann wurde er zornig, weil er sich in seiner Männlichkeit angegriffen fühlte, doch schließlich siegte die Neugierde.

»Herr Wangchuk«, sagte der Arzt mit ernster Miene. »Es gibt leider ein Problem.«

Dorjee konnte es nicht fassen. Es hatte also nicht an den Frauen gelegen; sie hätten wohl Kinder bekommen können – es lag an ihm. Nun, da es nicht möglich schien, wuchs sein Wunsch, Vater zu werden, ins Unermessliche. Ein Sohn! Das würde seinem Leben einen wirklichen Sinn geben. Ein Sohn mit Drölma, seiner Liebsten: Das wäre die Erfüllung!

Immerhin hatte der Arzt von Möglichkeiten gesprochen. Er müsse bestimmte Medikamente nehmen, einen gesunden Lebensstil pflegen und zu genau festgelegten Zeiten Verkehr mit seiner Frau haben – dann bestünde eine realistische Möglichkeit.

Dorjee konsultierte die besten Ärzte in den USA und in Europa und erhielt immer wieder die gleichen Vorschläge.

Zehn Monate nach der Hochzeit war Drölma schwanger. Dorjee war so glücklich wie noch nie zuvor in seinem ganzen Leben. Selbst die kurze Zeit des Glücks, die er mit Yali erlebt hatte, war grau und schal im Vergleich mit dem tiefen Glück, das er nun fühlte. Das Kind, sein Sohn, würde im Jahr 2008 geboren werden – einem Jahr, das Glück verhieß. Und es war das Jahr, in dem die Olympischen Spiele in Beijing stattfinden sollten.

Drölma wurde mit jedem Tag schöner. Dorjee freute sich und machte sich gleichzeitig große Sorgen. Er war schon alt. Seinem Kind würde es zwar materiell an nichts fehlen; doch er würde seinen Sohn gerne aufwachsen sehen. Er wollte sehen, wie ein Teil seines Ichs weiterleben würde, wenn er einmal starb. Er wurde traurig, als ihm klar wurde, dass er wohl nicht mehr miterleben würde, wie sein Sohn erwachsen wurde und eine eigene Familie gründete. Das würde in vielleicht fünfundzwanzig Jahren der Fall sein. Er war nun zweiundsiebzig. Also müsste er schon siebenundneunzig Jahre alt werden. Dorjee wurde klar, dass seine Zeit zu kurz war. Er bekam Angst. Er beschloss, von nun an alles zu tun, um gesund zu bleiben. Für Drölma und seinen Sohn.

Drei Tage nach seinem Geburtstag wurde Dorjee Vater. Seinen Sohn nannte er Jamyang, nach dem Großvater, den das Kind nie kennenlernen würde. Dorjee liebte Drölma jeden Tag ein wenig mehr, und beide liebten den kleinen Jamyang. Dorjee veränderte sich: Er wurde der, der er schon immer gern gewesen wäre. Endlich, so schien es, hatte er Liebe und inneren Frieden gefunden. Er ließ das Kind von Rinpoche Sonam Tsering segnen, und der Abt war ein häufiger und gern gesehener Gast im Hause der Wangchuks. Dorjee nahm auch wieder Kontakt mit seiner Familie auf, insbesondere mit seinen Geschwistern, Jamtsho und Tashima. Der ältere Bruder und die kleine Schwester waren inzwischen alte Leute; sie hatten Enkel und sogar Urenkel. Dorjee stellte fest, dass er eine recht große Familie hatte – und wunderte sich über sich selbst, dass ihm das gefiel. Zum ersten Mal seit seiner Kindheit sprach er ein Dankgebet zu Buddha.

Die einzigen Sorgen, die Dorjee noch plagten, betrafen Tibet. Die Hoffnung auf ein unabhängiges Tibet hatte sich nicht erfüllt – und er wusste, dass sie sich auch in Zukunft nicht erfüllen würde. Noch immer lebte der Dalai Lama im Exil und durfte seine Heimat nicht betreten. Dorjee kam diese Unnachgiebigkeit der chinesischen Regierung inzwischen sehr dumm vor. Vor allem, da diese unnötige Regelung den zunehmend fanatischen und nationalistischen Jugendlichen in Tibet Anlass gab, Unruhe zu stiften.

Er begriff die Unzufriedenheit. Die Welt veränderte sich schnell. Und nicht jeder konnte sich den Veränderungen so gut anpassen wie er selbst. In Tibet, insbesondere in Lhasa, lebten nun auch viele Han-Chinesen – und offenbar waren die eingewanderten Chinesen bessere Geschäftsleute als die Einheimischen. Die meisten der gut gehenden Geschäfte waren in chinesischer Hand. Auch die höheren Ränge in der Politik und der Polizei waren überwiegend von Han-Chinesen besetzt. Die Industrialisierung schritt schnell voran, und große Teile der weiten tibetischen Landschaft wurden zerstört. Und auch wenn die Tibeter heute freier, gesünder und weitaus wohlhabender als früher waren, so sehnten sich viele doch nach den alten Zeiten zurück. Insbesondere jene, denen es vor der Machtübernahme der Chinesen relativ gut gegangen war.

Dorjees Sehnsucht war nicht auf die Vergangenheit gerichtet. Er hatte zu viel erlebt und das Unrecht früherer Zeiten nicht vergessen. Er sehnte sich nach etwas, das es nie gegeben hatte: ein freies, friedliches, gerechtes und von Umweltzerstörungen verschontes Tibet. Aber er wusste, dass das Träume waren. Er wusste, dass die Menschen keineswegs nur in Tibet den Planeten zerstörten und dass die Zahl der Menschen auf dem Planeten ungeheuerlich wuchs. Zu seiner Geburt hatte es etwas über zwei Milliarden Menschen gegeben. Nun waren es schon sieben Milliarden. Das konnte nicht gut gehen. Und wie sollte Tibet von den Entwicklungen in der ganzen Welt ausgenommen sein?

Es gab keine Sklaven und Leibeigenen mehr, dafür aber eine Regierung, die strenge Regeln aufstellte. Es gab weniger Krankheiten und es gab Krankenhäuser für alle Menschen, dafür aber fühlten sich die Menschen nicht mehr verbunden. Tibetische Studenten hatten, wie alle Minderheiten in China, erleichterten Zugang zur Universität, doch nur wenige wollten studieren. Der Wohlstand war zwar enorm gestiegen, doch Reichtum bemisst sich ja immer an dem, was die anderen haben – und die Han-Chinesen in Tibet waren offensichtlich reicher als die Tibeter, was Neidgefühle erzeugte. Und dann war da noch das Thema der Religion: Es gab zwar Religionsfreiheit, und jeder durfte beten, zu wem er wollte. Die organisierte Religion jedoch war nicht gern gesehen, und ihre Ausübung wurde behindert. Die Chinesen hatten nie verstanden, welche Rolle die Religion in Tibet bis heute spielte.

Sonam sprach oft davon. Auch wenn es wieder Mönche gab, so war deren Zahl streng von der Regierung limitiert worden. Zudem wunderte sich Sonam darüber, dass er als Abt wirken konnte, mussten die Äbte doch von der Regierung genehmigt werden. Dorjee hütete sich, ihm von seinem Einfluss auf die Entscheidung zu erzählen. Vor allem aber bedauerte Sonam, dass das Oberhaupt des tibetischen Buddhismus, der Dalai Lama, nicht einmal erwähnt werden durfte – geschweige denn, dass er wieder ins Land gelassen wurde.

»Der Dalai Lama würde Tibet guttun. Warum verstehen

die Chinesen das nicht? So wird er zu einem Symbol für Aufruhr und Gewalt – obwohl er das von ganzem Herzen ablehnt!«

Von den jungen Tibetern waren die meisten nicht mehr wirklich religiös. Nicht einmal alle Mönche waren das, wie Sonam beschämt zugab. Ihren Sündenbock für alles, was mit der modernen Welt nicht in Ordnung war, hatten sie inzwischen längst gefunden: die Chinesen.

Sonam und Dorjee beobachteten mit Sorge den zunehmenden fanatischen Nationalismus.

Dorjees Sohn Jamyang war gerade eine Woche alt, als Sonam mit einer Bitte an Dorjee herantrat. Dorjee hätte doch noch immer großen Einfluss in der Politik. Und da in diesem Jahr die Olympischen Spiele in China stattfanden und die Augen der Welt auf China und gerade auch Tibet gerichtet waren, wäre es doch eine gute Gelegenheit, die Lage Tibets wieder deutlich zu machen – und von den Chinesen ein wenig mehr Autonomie, insbesondere für den Buddhismus, einzufordern. Er und seine Mönche aus dem Sera-Kloster würden am Jahrestag des Tibet-Aufstandes gern eine friedliche – ja unbedingt friedliche! – Demonstration abhalten und die Welt dazu bewegen, etwas Druck auf China auszuüben.

Dorjee war von dieser Idee wenig begeistert. Doch er war gerade Vater geworden und konnte Sonam, seinem ältesten und vielleicht sogar einzigen wirklichen Freund, nichts abschlagen. »Aber, Sonam: Achtet unbedingt darauf, dass es nicht zu Gewalttätigkeiten kommt! Zeigt euere Vision in guten Worten und beleidigt oder bedroht die Regierung nicht – das würde eurem Anliegen nur schaden!«

Am 11. März protestierten Sonam und seine Mönche friedlich. Doch wie Dorjee es schon befürchtet hatte, kam es außerhalb der friedlichen Demonstration zu Unruhen, die auch nach der Demonstration anhielten. Am 14. März griffen junge Tibeter chinesische Geschäfte an, plünderten, prügelten und zündeten die Läden an. Dreizehn Chinesen wurden bei diesen Übergriffen ermordet.

Auch diesmal griff die chinesische Regierung mit aller Härte durch, und nun starben auch Tibeter.

Dorjee und Sonam waren entsetzt. In der westlichen Welt standen nun die USA und viele Staaten Europas zusammen mit den Exiltibetern gegen China. Weltweit wurde ein Olympiaboykott diskutiert – einer der wenigen Tibeter, die sich dagegen aussprachen, war der Dalai Lama.

Eine Welle der Gewalt folgte weltweit. In Paris wurde die Chinesische Botschaft gestürmt, in Melbourne musste die Polizei gewaltsame Proteste auflösen, in München wurde das Generalkonsulat angegriffen und Konsulatsmitarbeiter verletzt und die Polizei attackiert. Tibet-Aktivisten versuchten, den Fackellauf zu behindern und griffen chinesische Touristen an.

All das half Tibet natürlich nicht im Geringsten.

Dorjee sah diese Entwicklung mit Sorge. Sein Sohn sollte in einem friedlichen Land aufwachsen. Und je mehr sich Fanatismus und Gewalt in Tibet ausbreiteten, desto rücksichtloser würden die Chinesen reagieren.

Doch alle diese Sorgen, so schwerwiegend sie auch waren, spielten keine wirklich wichtige Rolle in Dorjees Leben mehr. Er war nun Vater und Ehemann. Er lebte, trotz aller Widrigkeiten in Tibet und in der Welt, nur für Drölma und seinen Sohn. Noch nie hatte er so oft gelacht, noch nie jemanden so wie Drölma und Jamyang geliebt. Sein Herz wurde immer weiter. Mittlerweile war er fünfundsiebzig Jahre alt, und er entwickelte neue Pläne. Er würde Stiftungen für die Bildung junger Tibeter, für den Aufbau der Klöster, für das friedliche Zusammenleben von Chinesen und Tibetern einrichten. Und er würde seinen immensen Reichtum auch für Umweltprojekte einsetzen.

Dorjee fühlte sich wie ein junger Mann – voller Pläne, voller Hoffnung, voller Energie.

Drei Jahre währte die Zuversicht. Bis zu jenem verregneten Nachmittag, als sie auf dem Heimweg von einer Schulveranstaltung waren und der betrunkene Lastwagenfahrer sein Auto übersah. Jamyang war sofort tot. Drölma erlag drei Tage später ihren schweren Verletzungen.

Die letzte Chance

Der Lama erwacht und erinnert sich an seinen Weg im Traum-Bardo. Er hatte Dorjee davor bewahrt, als Tier wiedergeboren zu werden und dann wohl viele Tausend Mal im Rad des Lebens kreisen zu müssen. Als Tier ohne Verstand, ohne die Möglichkeit der Einsicht.

Der Rinpoche sah eine kleine Spinne an seinem Arm hochklettern und lächelte. Er ließ sie auf seinen Finger krabbeln und setzte sie vorsichtig an der Wand ab. Jedes Lebewesen war dem Kreislauf des Lebens unterworfen, jedes Wesen erfuhr Leid und Angst und Hass und Gier. Jedes Wesen, auch die kleine Spinne, war ein zukünftiger Buddha, jedes war des Mitgefühls wert. Das Tierchen musste wohl noch viele Leben durchlaufen, bevor es vielleicht eines Tages als Mensch wiedergeboren wurde, der die Möglichkeit hatte, Erleuchtung zu erfahren und sich aus dem Kreislauf zu befreien. Wer weiß, wie viele Leben die Spinne schon hinter sich hatte? Vielleicht war sie ja sogar ein Mensch in einem früheren Leben gewesen, ein größerer Sünder noch als Dorjee … Der Lama lächelte, und sein Lächeln war voller Mitgefühl für alle Wesen.

Dorjee hatte seinen Scheinkörper aufgegeben. Jetzt stand ihm die Wiedergeburt bevor. Der Lama betete, dass die Worte des Bardo Thödol zu Dorjee finden mögen und ihm eine vorteilhafte Wiedergeburt ermöglichten.

Er hatte der Anziehung der Tierwelt widerstanden. Das war sehr gut. Dorjee hatte die ersten Anzeichen von wahrer Einsicht gezeigt. Vielleicht schaffte er es doch noch, im letzten Moment die Pforte zu verschließen und Befreiung zu erlangen?

Der Lama vollzog sein übliches Morgenritual, indem er sich wusch, ankleidete und meditierte, bevor er wieder damit begann, die letzten Seiten des Bardo Thödol zu lesen.

»Dorjee Wangchuk, höre nun gut zu! Du hast die Wahrheit noch nicht erfasst, da dein Karma deine Einsicht verdunkelt. Nun gehst du dem Ort entgegen, wo du wiedergeboren wirst. Auch jetzt noch hast du die Möglichkeit, Befreiung zu erlangen, indem du deinen Geist vollkommen sammelst. Es öffnet sich dir nun die Pforte des Schoßes, aus dem du geboren werden sollst. Wenn du es nicht verhindern kannst, in den Schoß einzutreten, so gebe ich dir nun die tiefgründige Unterweisung, die Pforte des Schoßes zu schließen …«

Das Schließen der Pforte

Die Sehnsucht nach einem Körper wird in Dorjee übermächtiger denn je. Er hat jetzt keinen Körper mehr, kann sich keinen mehr einbilden, er weiß, dass er nur noch Geistwesen ist, ohne wirkliche Substanz und ohne Ziel. Er weiß, er wird, ja er muss nun bald wiedergeboren werden. Inzwischen hat er doch so viel Einsicht gewonnen, dass er unsagbar erleichtert ist, der Welt der Tiere entgangen zu sein. Er will als Mensch wiedergeboren werden. Aber will er das auch wirklich? Auf einmal ist Dorjee sich nicht mehr so sicher. Er wird wiedergeboren werden, von Neuem ein Leben durchlaufen, dieselben Fehler wieder begehen, Karma anhäufen, das ihm die wahre Einsicht, die Erleuchtung, verwehrt. Er wird leben, leiden, genießen, lieben, hassen, sich ängstigen und sterben – und wieder wird der Kreislauf von vorn beginnen.

Dorjee beginnt zu verstehen. Vielleicht kann er doch noch Befreiung erlangen, aber der Wunsch zu leben ist mächtiger.

Während er noch versucht, seinen Geist zu sammeln, nimmt seine Umgebung Gestalt an, eine felsige Landschaft, mit einzelnen Bäumen und gewaltigen Bergen im Hintergrund. Der Himmel ist grau und verhangen. Ein Sturm zieht auf, nein, es sind mehrere Stürme, die aus allen Richtungen kommen, es beginnt heftig zu schneien. Der Schnee geht in Hagel über, und Dorjee überkommt wieder große Angst, als er das Geheul von Menschen hört. Er hat das Gefühl, dass sie ihn jagen. Und obwohl er keinen Körper hat, läuft er davon, die Schreie und Stimmen hinter ihm. Da kommt er an eine Weggabelung. Die Stimmen wollen ihn den linken Pfad hinabjagen, und Dorjee spürt, dass dort eine elende Wiedergeburt auf ihn wartet. Doch er muss fliehen. Seine Gedanken sind nicht mehr klar.

Wie aus dem Nichts stellt sich ihm eine Lichtgestalt in den Weg, und Dorjee wendet sich trotz der Verfolger nach rechts … und sogleich fühlt er sich klarer und leichter. Er begreift, dass sein Freund, der Lama, ihm wieder beigestanden hat. Jetzt hört er auch die Worte, die der Lama spricht:

»Dorjee, die Zeit zum Schließen der Pforte ist gekommen! Sammle deinen Geist und meditiere über Buddha und bitte ihn, dich zur Vollendung zu führen …«

Dorjee zögert. Er sieht Männer und Frauen, die sich in Leidenschaft vereinigen, Frauen und Männer, eng umschlungen, Menschen aus allen Kontinenten. Es zieht ihn zu ihnen, er will einen Körper, er will geboren werden.

»… Tritt nicht zwischen sie … Meditiere, sammle deinen Geist … Verschließe die Pforte …«

Dorjee zögert. Wie soll er meditieren, wie sich sammeln? Er ist nicht gesammelt, im Gegenteil, er ist nur noch ein gestaltloser Nebel mit dem unstillbaren Durst nach Leben.

»… Gelingt dir das Schließen der Pforte nicht, so höre die Methode, Begehren und Hass loszulassen …«

Dorjee zögert. Die Worte seines Freundes, die tiefsinnige Belehrungen des Bardo Thödol, sie sagen die Wahrheit. Kann er den Drang, wiedergeboren zu werden, überwinden? Dorjee versucht es aufrichtig.

»Alle Phänomene haben kein wahres Sein, sie sind Illusionen. Das Begehren, die Furcht, der Hass … sie alle sind nur Erscheinungen deines eigenen Geistes. Erkennst du das nicht, musst du weiter in der Wandelwelt umherirren und wirst gewisslich in den Sumpf mancherlei Leidens geraten. All dies ist Illusion. Erfasst du diese Täuschung, wird die Pforte des Schoßes verschlossen. Hältst du indes am Ich fest, wird die Pforte geöffnet sein …«

Dorjee versucht mit aller Kraft, sich auf die Worte zu

konzentrieren, doch sein Widerstand wird schwächer. Er hält an seinem Ich fest. Die Pforte ist nicht verschlossen, und es zieht ihn mit aller Macht zu den umschlungenen, sich vereinigenden Wesen.

Vor ihm manifestiert sich wieder sein lieber alter Freund aus seinem früheren Leben, der Lama, der Rinpoche, der Retter, der ihn davor bewahrt, im Bardo verloren zu gehen und in die Tierwelt oder Schlimmeres einzugehen. Dorjees Herz ist mit einem Mal nur noch von Liebe zu seinem Freund erfüllt.

»Dorjee, mein Lieber«, spricht der Lama, »du wirst nun wiedergeboren werden. Vielleicht wirst du in einem deiner folgenden Leben Erleuchtung erlangen. Ich glaube, du bist auf deiner Reise schon sehr weit gekommen. Doch da du nun wiedergeboren wirst, gebe ich dir zum Abschied noch eine letzte Unterweisung. Sprich ›Alles ist Illusion, alle Phänomene kommen aus dem Geist. Der Geist selbst ist leer und frei – er ist auch frei von Werden und Vergehen.‹ Richte deine Gedanken auf diese Worte, dann wird dein Geist in sich selbst ruhen, wie Wasser in einem Teich ruht, und es wird dich in einen Schoß ziehen, der dieser Ruhe entspricht. Mein lieber Dorjee, so wirst du eine glückliche und vorteilhafte Wiedergeburt erlangen.«

Dorjee war, als sähe er den Lama leuchten, wie einen Buddha, einen Heiligen, ein göttliches Wesen, und er wusste, seine Worte waren wahr. Für einen Augenblick schien es ihm, als hätte er wieder seine alte menschliche Gestalt angenommen. Die beiden Freunde umarmten sich. Dorjee wiederholte die Worte, die ihn sein Freund gelehrt hatte: *»Alles ist Illusion, alle Phänomene kommen aus dem Geist. Der Geist selbst ist leer und frei – er ist auch frei von Werden und Vergehen.«*

Alles wird zu Licht, verschwimmt, und Dorjee zieht es, wie in einem Strudel, in eine warme Dunkelheit. Er erlebt die unvergleichlich lustvolle Freude des Werdens.

»Ich will nicht mehr leben«, sagte Dorjee zu Sonam. Der sah ihn voller Mitleid an und legte seine Hand auf seinen Arm.

»Sonam, ich bin nun fast achtzig Jahre alt, aber ich fühle mich, als wäre ich achthundert. Warum sollte ich überhaupt weiterleben?«

»Dorjee, mein lieber alter Freund. Ja, alles geht vorbei. Du wirst sterben, ich werde sterben. Es ist nicht wert, dass du deine Gedanken damit beschwerst.«

»Manchmal denke ich, dass es am besten wäre, wenn ich diesem Trauerspiel selbst ein Ende setze. Wozu soll ich noch atmen und fressen?«

Sonam schüttelte den Kopf. »Das sind unsinnige Gedanken. Du kannst die Welt nicht ändern, indem du dich tötest. Und außerdem will ich dich nicht verlieren. Wir kennen uns nun über siebzig Jahre lang, und immer noch bist du mir ein Rätsel. Gib mir noch ein wenig Zeit, das Rätsel zu lösen, bevor du gehst.«

Nun musste Dorjee doch ein wenig lächeln. »Also soll ich nur weiterleben, damit du dein Rätsel lösen kannst? Ich glaube nicht, dass dir das gelingt. Ich verstehe mich ja selbst nicht.«

»Und noch etwas, Dorjee. Ich weiß, du glaubst nicht an die Wiedergeburt. Aber wenn du ganz ehrlich bist, musst du zugeben: Ganz genau weißt du es auch nicht. Und was, wenn es nun wahr ist? Dann stimmt wohl auch, dass es eine große Dummheit wäre, sich das Leben zu nehmen, weil man dann als Asura, als Hungergeist oder als Tier wiedergeboren wird. Und du, Dorjee, würdest gewiss ein Esel werden!«

Dorjee lachte. Seinem Freund war es gelungen, seine Schwermut, zumindest für einen Moment, zu überwinden.

»Dorjee, wenn du wissen willst, was nach dem Tod mit dir geschieht, so studiere das Bardo Thödol. Hast du mir nicht schon vor einigen Jahren versprochen, dass du das tun willst?«

»Ach Sonam, du weißt doch, dass ich mit diesem heiligen Kram nichts anzufangen weiß. Und die Wiedergeburt? Glaubst du denn allen Ernstes …«

»Dorjee, wer weiß schon irgendetwas mit vollkommener Sicherheit? Aber ich habe zumindest gute Gründe zu glauben, dass wir wiedergeboren werden. Und ich habe noch mehr Grund zu glauben, dass bei dir diese eine Lektion nicht ausreicht.«

»Nun ja, es wird kommen, wie es kommt. Was kann ich schon tun? Was kannst du tun? Ich war zweifellos ein großer Sünder und werde dann eben als Esel wiedergeboren werden.«

»Nein, Dorjee. Mach keine Späße darüber. Als Tier würdest du unendliches Leid erfahren.«

Dorjee sah ihn an, und Sonam verstand: Sein Freund konnte sich kein größeres Leid vorstellen als das, das er an den Tagen erfahren hatte, da Jamyang und Drölma gestorben waren.

»Glaube mir, Dorjee. Als Tier würdest du noch mehr leiden, auch wenn du es dir jetzt nicht vorstellen kannst. Deshalb möchte ich, dass du das Bardo Thödol studierst. Auch oder gerade weil du nicht an die Wiedergeburt glaubst, denn es ist auch eine Anleitung für die Lebenden. Selbst ein Sünder wie du kann in jedem Moment Befreiung erlangen.«

Und so begann Dorjee, das Bardo Thödol zu lesen. Es langweilte ihn. Götter und Dämonen … das waren nichts als Hirngespinste. Und doch war da etwas, das ihn berührte. Nicht die schaurigen Beschreibungen der Zwischenwelt, sondern die

Aussage, dass dies tatsächlich alles Hirngespinste waren, dass alles Schreckliche, alles Leiden aus dem eigenen Geist stammte und das immer wiederholte Versprechen, dass Befreiung in jedem Moment möglich sei.

Dorjee hatte sich selbst nie für außergewöhnlich mutig gehalten; und doch hatte er noch nie in seinem Leben wirklich Angst gehabt. Jetzt aber dachte er daran, dass vielleicht alle Ängste tief in ihm schliefen und im Tod erwachen könnten. Wenn er sich vor etwas fürchtete, dann war es sicher der unfassbare Schmerz, der ihn beim Tod seiner Liebsten erfasst hatte. Wenn dieser Schmerz wieder erwachen sollte ... Davor hatte er Angst. Und nur zu bald würde er seine Ängste genauer kennenlernen, als ihm lieb war.

Am 27. Mai erlebte Dorjee, wie sich unweit seines Hauses in Lhasa zwei junge tibetische Mönche, Dongye und Tobgyel Tsheten, mit Benzin übergossen und in Flammen setzten. Die Menschen schrieen, während die zwei menschlichen Fackeln lichterloh brannten. Nach einigen Minuten war die Polizei vor Ort, und die Flammen waren schnell gelöscht. Einer der beiden hatte noch kurz gelebt! Dorjee gingen die Bilder nicht mehr aus dem Kopf. Er erwachte nachts schweißgebadet von seinem eigenen Schrei. Er schlief kaum noch, magerte ab und fühlte sich immer schwächer.

»Sonam, wie konnten diese Mönche so etwas Schreckliches tun?«, fragte er seinen Freund, und ein gewisser Vorwurf schwang in seiner Stimme mit. »Es waren doch Buddhisten. Wussten sie etwa nicht, dass sie als Tiere oder Hungergeister wiedergeboren werden?«

In Sonams Augen standen Tränen. »Dorjee, ich verstehe es auch nicht. Es ist furchtbar. Es ist das Geistesgift des Hasses, das derlei Taten hervorbringt. Aber nicht einmal der Dalai Lama verurteilt es. Er sagt, dass er den Familien der beiden nicht noch mehr Leid zufügen will, indem er die Selbstmorde tadelt. Das kann ich noch ein wenig verstehen. Aber andere sagen, dass die beiden Helden und Märtyrer seien, und das scheint mir völlig absurd – budhistische Märtyrer?«

»Also verurteilst du es, nicht wahr?« Dorjee klang beinahe flehentlich.

Sonam zögerte nur kurz. »Ja, ich verurteile es. Es ist falsch. Es lindert kein Leiden, es fügt anderen, wie offenbar dir, Leid zu. Ich habe mit meinen Mönchen gesprochen – aber viele wollen mir gar nicht zuhören. Sie haben den Buddhismus längst gegen Nationalismus eingetauscht. Sie behaupten, ich sei eine Marionette der Chinesen! Nur weil ich nicht will, dass sich Tibeter, buddhistische Mönche, verbrennen! Der Hass hat ihren Geist verwirrt. Natürlich will auch ich, dass Tibet ein freies Land ist – doch wie soll so etwas für Freiheit sorgen? Und wie kann man nur so verblendet sein zu glauben, diese schrecklichen Taten würden die Chinesen umstimmen?«

Dorjee nickte. »Ja, das ist wirklich verrückt. Ich glaube eher, dass es die Lage für euch Mönche nur schwieriger machen wird.«

Dorjees Befürchtungen sollten sich schnell bestätigen. Die chinesische Regierung begann, die Zahl der Mönche noch stärker zu beschränken und alle Bewerber zu überprüfen. Auf die Idee, die Religion in Tibet weniger stark zu reglementieren, kam indes niemand. Und dass die Selbstmörder von einigen, insbesondere von Exiltibetern, als Helden und Märtyrer bezeichnet wurden, gab dem Wahnsinn Auftrieb. 2012 verbrannten sich noch achtzig weitere Menschen – in dem grotesken Wahn, damit Tibets Anliegen und dem Buddhismus etwas Gutes zu tun.

Dorjee schlief auch nach Monaten immer noch schlecht. Fast jede Nacht hatte er Schweißausbrüche, war ständig müde, hatte Fieber und nahm immer mehr ab. Allmählich begann sein Bauch zu schmerzen, erst ein wenig, dann immer mehr. Er hielt es lange aus, doch als die Schmerzen schließlich nicht mehr zu ertragen waren, suchte er einen Arzt auf.

Der Arzt untersuchte ihn nur kurz. Dann setzte er sich und sah Dorjee ernst an. »Ich wünschte, du wärest eher gekommen, Dorjee Wangchuk. Ich kann dir etwas gegen die Schmerzen geben. Doch viel mehr kann ich nicht tun. Du hast Krebs im Darm. Er ist weit fortgeschritten, und überall in deinem Körper werden wohl schon Metastasen sein. Ich glaube es zwar nicht, aber vielleicht könnten Spezialisten im Ausland dein Leben noch eine ganze Weile verlängern. Du müsstest einige schwere Operationen über dich ergehen lassen und eine Chemotherapie machen – das würde dir vielleicht noch ein wenig mehr Zeit geben.«

Dorjee war nicht sonderlich überrascht. Er fühlte auch keine Angst. »Wie lange, meinst du, habe ich noch, Doktor?«

»Ich bin nur Mediziner und kein Hellseher«, sagte der Arzt. »Ich habe Menschen gesehen, die in diesem Zustand noch zwei Jahre lebten. Andere waren ein paar Tage später tot.«

War es das also gewesen? Dorjee staunte, wie kurz ihm das Leben im Rückblick erschien. War er nicht neulich in Camp Hale gewesen, hatte er nicht gerade erst geheiratet und seine Liebsten verloren? Aber so kurz es auch war, das Leben – es war wohl lang genug. Er konnte sich nicht beklagen. Er hatte alles erlebt. Vor allem, und darüber war er unendlich dankbar, hatte er am Ende seines Lebens noch die große Liebe erlebt. Ja, auch das hatte leidvoll geendet. Doch um nichts in der Welt hätte er es gegen ein längeres Leben eingetauscht.

Die Medizin des Arztes wirkte. Er spürte kaum Schmerzen, sondern eher eine gewisse Heiterkeit, fast als würde er schweben.

Die Schmerzen kamen jedoch wieder, und irgendwann konnte auch die stärkste Medizin sie nicht mehr völlig beseitigen. Sehr viel hilfreicher als die Medikamente waren jedoch die Gespräche mit seinem Freund Sonam. Ja, seine Weisheiten und Lehren waren vielleicht ein wenig lächerlich, aber war nicht das ganze Leben im Grunde lächerlich?

Er wusste selbst nicht, ob er es ernst meinte oder nur seinem Freund etwas Gutes tun wollte, als er ihn bat, das Bardo Thödol für ihn zu lesen, wenn er starb.

Dorjee hoffte bereits auf den Tod.

Und er musste nicht lange hoffen.

DAS RAD DREHT SICH WEITER

Dorjee schwimmt in einem warmen, pulsierenden Meer, vollkommen beschützt. Seit langer Zeit ist es das erste Mal, dass er sich wohlfühlt. Er staunt. Und er begreift: Er ist nun in einem neuen Mutterleib, er wird tatsächlich wiedergeboren! Zunächst spürt er unsägliche Freude. Er ist dem Lama unendlich dankbar, dass er ihm geholfen hat, eine gute Wiedergeburt zu erlangen. Denn es wird eine gute Wiedergeburt sein, das hat er in der Vision gesehen. Vielleicht wird er ein großer Weiser, ein Buddha, ein König? Er bringt alles Wissen seines langen, früheren Lebens mit sich – und diesmal wird er es weise einsetzen. Er wird ein außergewöhnliches Kind sein und in der Welt berühmt werden!

Dorjee ist ganz aufgeregt. Und mit seiner Aufregung gerät auch der warme Ozean in Aufruhr. Dorjee fragt sich, was mit ihm geschieht. Und während das Wohlgefühl verfliegt, kehrt die Angst zurück. Er wird aus dem Ozean gepresst, er muss durch einen zu engen Tunnel … Mit einem Mal läuft sein gesamtes altes Leben vor ihm ab, in rasender Geschwindigkeit, und indem es abläuft, verschwindet es aus seinem Geist.

Und indem der letzte Gedanke verlischt, begreift Dorjee blitzartig – den Kreislauf des Lebens, den Sinn, der hinter allem steckt, die Einheit allen Seins …

Und er kommt aus dem Tunnel heraus, in ein blendend grelles Licht.

Die Ärztin legt der jungen Mutter das winzige Baby, einen gesunden, kräftigen Jungen, auf die Brust.

Die junge Frau ist noch ein wenig erschöpft, aber sie lächelt und sieht ihr Baby liebevoll an. Das winzige Wesen blinzelt. Vielleicht lächelt es sie an? Sie ist glücklich.

Und das Rad dreht sich weiter.

Glossar

Amithaba-Buddha: »Buddha des Unermesslichen Lichtglanzes«.

Asuras: Halbgötter im tibetischen Buddhismus.

Bardo: Bewusstseinszustand. Das »Tibetische Totenbuch«, das Bardo Thödol, enthält Beschreibungen des Tschikhai-Bardo, Tschönyi-Bardo und Sidpa-Bardo.

Bardo Thödol: Das »Tibetische Totenbuch«, eigentlich »Befreiung durch Hören im Zwischenzustand«.

Bodhidharma: ein legendärer buddhistischer Mönch, der von ca. 440 n. Chr. bis 528 n. Chr. lebte.

Bodhisattva: ein Befreiter, der freiwillig wiedergeboren wird, um anderen die Befreiung zu ermöglichen.

Bri: Yak-Kuh.

Chönyid Bardo: der Teil des Bardo, wo der Verstorbene gütigen und zornigen Gottheiten begegnet.

Chushi Gangdrug, »Vier Flüsse, Sechs Gebirge« war eine nationalistische tibetische Organisation; sie hatten die Feier des Goldenen Throns für den Dalai Lama organisiert, als er 1957 zum Führer Tibets ernannt worden war. Doch schon ein Jahr später war die Bewegung im Untergrund verschwunden und hatte sich in eine Guerilla-Organisation verwandelt, die von der CIA unterstützt wurde.

CIA: Central Intelligence Agency; Geheimdienst der USA.

Dalai Lama: Titel des höchsten Trülku im tibetischen Buddhismus. Er wurde erstmals 1578 als Ehrentitel verliehen. Der gegenwärtige 14. Dalai Lama ist Tenzin Gyatso.

Dharma: Plural Dharmata, Gesetz, Recht, Sitte, Ethik, Moral. Dharma ist im Buddhismus auch einfach die Lehre Buddhas.

Dhumra: tibetisch »der Garten«, tibetischer Name für das Rebellen-Ausbildungslager in Camp Hale, Colorado.

Dukkha: sanskrit »Leiden«, »leidvoll«.

Gauri (tib. karmo): eine der weiblichen rasenden Gottheiten. Sie sollte nicht mit Parvati, der Gattin Shivas, verwechselt werden, deren Beiname ebenfalls Gauri lautet.

Geistesgifte: ein wichtiger Begriff der buddhistischen Ethik; die drei schädlichen Zustände des Geistes sind Gier, Hass und Verblendung.

Gelug: buddhistische Sekte (dieser Schule gehört der 14. Dalai Lama an).

Gyulü: das Yoga des Illusionskörpers (im Bardo).

Han: die chinesische Ethnie mit den meisten Angehörigen. Etwa 92 Prozent aller Chinesen und 18 Prozent aller Menschen sind Han-Chinesen. Außer den Han gibt es noch 55 weitere Volksgruppen in China.

Hungergeister: Geister von Verstorbenen, die unter ihrer Gier leiden.

Kagyü: buddhistische Sekte.

Karma: sanskrit »Wirken«, »Tat«. Die Idee, dass jede Handlung, auch eine geistige, eine Folge hat – eventuell auch erst in einem zukünftigen Leben.

Kora: Pilgerweg.

Kulturrevolution, »Große proletarische Kulturrevolution«: eine politische Kampagne der Volksrepublik China zwischen 1966 und 1976, die das Land gesellschaftlich wie wirtschaftlich zurückwarf. Das Ziel war, kapitalistische, bürgerliche und traditionalistische Tendenzen der Gesellschaft durch eine Fortsetzung des Klassenkampfs zu entfernen. Die »Kulturrevolution« geriet jedoch schnell außer Kontrolle und es fanden massive Menschenrechtsverletzungen statt; die Kampagne führte zu etwa vierhunderttausend Toten in ganz China, bevor Mao die Kulturrevolution 1969 für beendet erklärte. Von den folgenden chinesischen Regierungen wurde die Kulturrevolution seit 1981 als schwerer Fehler und größter Rückschritt in der Geschichte des Landes angesehen.

Kundün: tibetische Entsprechung von »Seine Heiligkeit« (der Dalai Lama).

Lama: spiritueller Lehrer im tibetischen Buddhismus.

Mantra: sanskrit »Spruch«, »Lied«, »Hymne«. Eine heilige Silbe, ein heiliges Wort oder ein heiliger Vers.

Milam: Traum-Yoga, luzides Träumen.

Nyingma: buddhistische Sekte.

Om mani padme hum: sanskrit »Oh Juwelen-Lotus. Heil!«, das älteste und populärste Mantra des tibetischen Buddhismus.

Ösel: das Yoga des Klaren Lichts beim Sterben.

Panchen Lama: Der Panchen Lama gilt als zweithöchster Trülku der Gelupga und traditionell als Emanation des »Buddha des Unermesslichen Lichts« Amitabha, siehe auch Glossar.

Pika: kleiner tibetischer Pfeifhase.

Pulu: weißer Wollteppich, in den der Leichnam zeremoniell eingehüllt und zur Bestattung getragen wird.

Rinpoche: tibetischer Ehrentitel, der zumeist für einen Lama verwendet wird. Aus tibetisch *rinpo* »Wert« und *che* »Größe«.

Rote Garden: fanatisierte Schüler und Studenten, die in der »Kulturrevolution« wüteten.

Sakya: buddhistische Sekte.

Shugden: Dorjee Shugden, tibetisch »mächtiger Donnerkeil«; eine Schutzgottheit im tibetischen Buddhismus.

Sprung nach vorn, »Der Große Sprung nach vorn«: eine von 1958 bis 1961 laufende Kampagne, mit der der Rückstand zu den westlichen Industrieländern aufgeholt werden sollte. Er war eine der Ursachen für die extreme Hungersnot in China von 1959 bis 1961, die zwischen fünfzehn und fünfundvierzig Millionen Tote forderte und damit die größte Hungerkatastrophe in der Geschichte der Menschheit war. In diesen Jahren gab es in China schwere Überschwemmungen und Dürren, doch die wirtschaftliche Fehlsteuerung führte zur Verschlimmerung der Katastrophe.

Srung: tibetische Münze.

Sutra: sanskrit »Faden«, »Kette«. Ein kurzer, in Versform gehaltener Lehrtext.

Thangka: ein Rollbild des tantrischen Buddhismus. Es wird zur Meditation in Tempeln oder in Hausaltären aufgehängt.

Tongzhi: chinesisch »Genosse«, »Kumpel«, »Kamerad«.

Trülku: buddhistischer Meister, den man als Wiedergeburt eines früheren Meisters identifiziert hat.

Tsampa: tibetisches Grundnahrungsmittel aus geröstetem Getreide, üblicherweise Gerste. Tsampa wird traditionell mit Buttertee zubereitet. Durch das vorherige Rösten ist dieser Teig ohne weiteres Backen oder Kochen essbar. Da sich Tsampa schnell und einfach zubereiten lässt, ist er ein häufiges Nahrungsmittel von Nomaden und anderen Reisenden.

Tunmo: Yogapraktik, mit der man seinen Körper gegen Kälte unempfindlich macht.

»Vier Relikte«: alte Gedanken, alte Kultur, alte Gewohnheiten, alte Gebräuche – ein Schlagwort in der unseligen »Kulturrevolution«.

Zamba = Tsampa.

Personenregister

Sonam Tsering (1935), der Rinpoche. Bester und ältester Freund Dorjee Wangchuks, Sohn Jamtsho Tserings. Er wird Mönch, zum Trülku (wiedergeborener Lama) und Rinpoche ernannt und ist 2015 Abt des Klosters in Lhasa. Er begleitet Dorjee beim Sterben und auf seinem Weg durch den Bardo, die Zwischenwelt zwischen Tod und Wiedergeburt.

Dorjee Wangchuk (1935–2015), der Kaufmann. Wie sein Freund Sonam Tsering wächst er als Hirte auf, wird dann aber Soldat, Dolmetscher, Rebell, Spion und Kunsthändler. Obwohl er Atheist ist, möchte er doch, dass ihm sein Freund, der Rinpoche, das Bardo Thödol liest. Er stirbt, geht durch die Zwischenwelt und wird schließlich wiedergeboren.

Kindheit und Jugend in Tibet

Jamyang Wangchuk: Hirte, Vater von Dorjee.

Lhagkpa: Dorjees Mutter, Frau von Jamyang Wangchuk.

Jamtsho Wangchuk: ältester Sohn von Jamyang und Lhagkpa, Bruder Dorjees.

Tashima Wangchuk: jüngere Schwester Dorjee Wangchuks.

Mola: »Großmutter«, Dorjees Großmutter väterlicherseits.

Tenzin (Norgai): Schwager Dorjees.

Sangpo: ein Neffe von Dorjee.

Trugpa: ein Neffe von Dorjee, der den Leichnam trägt.

Lhama: Cousine Sonam Tserings, Jugendliebe Dorjees.

Narga; Schwester Lhagkpas, Dorjees Tante.

(+ reale Person)

+ Thubten Gyatso (1876–1933): der 13. Dalai Lama.

Chagdud Norbu: Junger Mönch und Sekretär des Abtes Sonam Tsering.

+ Pema Jungne (ca. 9. Jh.): Padmasambhava, der Lotosgeborene, der Begründer des Buddhismus in Tibet.

Ehrwürdiger Tenzin: Arzt in einem kleinen Städtchen.

Norga: Alte Frau im Haushalt des Arztes Tenzin.

+ Tsering Wang Tuei: Leibeigener, der als Dieb gefoltert, und mit Blendung und Abreißen der Daumen bestraft wurde.

Gonpo Doring: Fürst.

Tsondra: Geliebte von Tsering Wang Tuei.

Samje Gondrup: Chinesischlehrer bei der tibetischen Armee.

Tang Yang-Fei: chinesischer General.

+ Mao Zedong (1893–1976): »der Große Vorsitzende«, chinesischer Politiker.

+ Ngapoi Ngawang Jigme (1910–2009): tibetischer Gouverneur, Adliger, später Mitglied der Volksversammlung.

+ Tenzin Gyatso (1935): der (heutige) 14. Dalai Lama; geb. als Lhamo Döndrub.

+ Yishi Norbu: »der alle Wünsche erfüllende Edelstein«; einer der vielen Ehrennamen des Dalai Lama.

+ Heinrich Harrer (1912–2006): österreichischer Bergsteiger, Abenteurer und zeitweise Lehrer des 14. Dalai Lama.

Chen Yun: Lehrer Dorjees in Chongqing.

Yang Gao: ein Dolmetscher.

+ Zhou Enlai (1898–1976): chinesischer Politiker, »Held der Revolution«.
+ Liu Shaoqi (1898–1969): chinesischer Politiker, »Held der Revolution«.
+ Zhu De (1886–1976), »Held der Revolution«.
+ Panchen Lama: Titel einer bedeutenden Reinkarnationslinie (Trülku) des Gelug-Ordens im tibetischen Buddhismus. Der Panchen Lama gilt als zweithöchster Trülku der Gelugpa, siehe auch Glossar.
+ Chökyi Gyeltshen (1938–1989), zehnter Panchen Lama.

Huang Yali: CIA-Spionin, Dorjees zweite große Liebe.

Jamyang Gondrup: Kamerad aus Camp Hale, der Dorjee bei seinem ersten Auftrag beisteht.

Ngabo Tendrup: Kamerad aus Camp Hale, der Dorjee bei seinem ersten Auftrag beisteht.

+ Richard Nixon (1913–1994): 37. US-Präsident.
+ Deng Xiaoping (1904–1997): chinesischer Politiker, führte die Marktwirtschaft in China ein.
+ Hua Guofeng (1921–2008): chinesischer Politiker.
+ Jiang Qing (1914–1991): Mao Zedongs Frau, Mitglied der »Viererbande«.
+ Zhang Chunqiao (1917–2005): chinesischer Politiker, Mitglied der »Viererbande«.
+ Yao Wenyuan (1931–2005): chinesischer Politiker, Mitglied der »Viererbande«.
+ Wang Hongwen (1935–1992): chinesischer Politiker, Mitglied der »Viererbande.«

Don Wang: Spitzname Dorjees als Kunsthändler.

+ Margaret Thatcher (192–2013): britische Premierministerin.

+ Helmut Schmidt (1918–2015): Kanzler der Bundesrepublik Deutschland.

Yang Xiaolin: Dorjees erste Frau.

Sangmo: Dorjees zweite Frau.

Drölma Yongdzin: Dorjees dritte Frau und wahre Liebe.

Jamyang: Dorjees Sohn, nach seinem Vater benannt.

+ Dongye: junger Mönch, der sich 2012 aus Protest selbst verbrennt.

+ Tobgyel Tsheten: junger Mönch, der sich 2012 aus Protest selbst verbrennt.

Zeittafel

1911: Thronverzicht des chinesischen Kaisers und Ausruf der Republik China.

1913: Der 13. Dalai Lama proklamiert die staatliche Unabhängigkeit Tibets.

1921: Gründung der Kommunistischen Partei Chinas.

1927: Von Chiang Kai-Shek angeordnetes Massaker an Kommunisten.

1927–1949: Chinesischer Bürgerkrieg.

1935: Geburt des 14. Dalai Lama, als Lhamo Döndrub, des zweiten Sohnes einer Bauernfamilie in Amdo.

1937: Lhamo Döndrub wird von vier Mönchen als Wiedergeburt des 13. Dalai Lama erkannt.

1937–1945: Zweiter Sino-Japanischer Krieg (Teil des Zweiten Weltkrieges).

1940: Lhamo Döndrub wird als Fünfjähriger in der Sitringasol-Zeremonie als 14. Dalai Lama inthronisiert.

1948–1950: Heinrich Harrer unterrichtet den jungen Dalai Lama in Rechnen, Englisch und Geografie.

1949: Gründung der Voksrepublik China.

1950: Dem 14. Dalai Lama wird als Fünfzehnjährigem die weltliche Herrschaft über Tibet übertragen.

1950: Einmarsch der Chinesen in Tibet.

1951: 17-Punkte-Abkommen zwischen China und Tibet.

1954: Reise des Dalai Lama nach Beijing, wo er zum Abgeordneten des Volkskongresses gewählt wurde.

1958–1961: »Großer Sprung nach vorn«, eine Kampagne, die durch Misswirtschaft und gleichzeitige Naturkatastrophen zur größten Hungersnot der Menschheit führte.

1959–1964: Unterstützung des bewaffneten Widerstandes in Tibet durch die CIA.

1959: Tibetaufstand in Lhasa; Flucht des Dalai Lama nach Indien.

1966–1976: »Kulturrevolution«, bei der in ganz China (und Tibet) alte Kulturgüter zerstört wurden, massive Menschenrechtsverletzungen stattfanden und ca. vierhunderttausend Menschen starben. In Tibet wurden – unter Mithilfe fanatisierter Tibeter – fast alle Klöster zerstört.

1989: Verleihung des Friedensnobelpreises an den 14. Dalai Lama.

2011: Rücktritt des Dalai Lama von allen politischen Ämtern.